LA ÉTICA DE LA IGNORANCIA

Ciencia o Postcast.

12 DE MARCH DE 2024

PROF.DR. OLGA FERRER ROCA

Indice

INTRODUCCION

He supuesto que deseas estar al tanto de todo lo que rodea la Sociedad de la Información y la Era Digital, al nivel de tus hijos y nietos. ¿No sería maravilloso comprender los entresijos de los trabajos actuales, la Inteligencia Artificial y el constante flujo de información digital que nos rodea? ¿Te gustaría navegar por el vasto océano del mundo digital con confianza y seguridad?

Este libro te ofrece esa oportunidad. Después de leer sus páginas, no solo comprenderás qué impulsa el mundo digital, sino que aprenderás a moverte y actuar en él con destreza y sabiduría. Descubrirás dónde situar la ética de la ignorancia en este vasto universo digital y cómo enfrentar la disyuntiva de Internet entre Ciencia y Podcasts. A través de una narrativa envolvente, te guiaremos en un viaje fascinante hacia el corazón mismo de la revolución digital.

Es la oportunidad de entender este mundo y convertirte en un individuo activo para tu familia y para la sociedad. ¡No te pierdas la oportunidad de tomar las riendas de tu conocimiento y tu futuro en la era digital!

LA ETICA DE LA IGNORANCIA: CIENCIA O POSTCAST. Olga Ferrer Roca. Marzo 2024

Cuando termine de leerlo no podrá decir que es un técnico en redes digitales, pero si que su entendimiento y su intuición en los temas de la Sociedad de la Información (SI) está muy por encima de la media. Tendrá en su mano herramientas éticas para usar la ignorancia y herramientas éticas para usar el conocimiento. Estará mejor preparado que muchos de los ciudadanos de a pie, para abordar cualquier problema en la SI y podrá ponerlo en práctica en su entorno, en su familia, en su trabajo, en su ciudad, en su país, y en el mundo si es necesario.

Hasta no hace mucho las personas podían acceder a informaciones privilegiadas y se convertían en directores de la vida de los demás. Hoy en día la información fluye desbocadamente a través de las redes a todos los niveles tanto si es cierta como si el falsa y en el entorno de la ciencia el problema consiste en que su entendimiento y conocimiento requiere formación y estudios. Por el contrario, un influencer lo que hace es transcribirte una información sencilla e intuitiva fácil de entender que no requiere ni estudios, ni esfuerzo, que fácilmente entra por todos los sentidos (vista, oído, tacto…) y que es tanto más efectiva cuanto más miedo o indignación despierte en el oyente y se presente al oyente de forma más sencilla.

A los "influencers científicos", los de antes (Carl Sagan, Felix Rodriguez de la Fuente, etc.) los llamábamos "divulgadores" de los conocimientos científicos; nos acercaban conocimientos complejos al nivel del no experto. Los de ahora son distribuidores porque tienen "followers" o seguidores que les permiten vivir y enriquecerse a expensas de asegurar que los conocimientos que difunden son lo suficientemente provocativos y simples y en muchas ocasiones conspirativos, como para que mantengan al espectador enganchado a su Postcast, ya que cuanto más inverosímil sea la verdad que se revela más publico va a atraer.

Si, hemos democratizado la información, solo que no sabemos muy bien a qué precio. Hemos pasado del "solo sé que no se nada" del científico al "yo se todas las teorías conspiranóicas que están detrás de esto". Y ¿Has leído algo sobre ello, has estudiado algo? la respuesta habitual es NO, pero lo puedes comprobar en YouTube o en TikTok. Ya no se lee, ya no se estudia, todo es intuitivo, todo es por Internet. Y cuando queramos explicarles que la teoría de la Relatividad General de Albert Einstein de 1915 nos indica que la gravedad no es una fuerza sino una curvatura del plano espacio-tiempo debido a la masa y la energía del cuerpo celeste, en este caso la Tierra. Es decir: "No es una Fuerza de Atracción" la respuesta que obtenemos es que según ellos la Tierra es plana porque si no, no podría contener el agua ni las grandes criaturas marinas. El astrofísico Neil de Grasse Tyson lo demuestra perfectamente, la Tierra es esférica tal cómo la vemos en los momentos que se produce un eclipse Lunar. Por no decir que no saben que los francotiradores o disparos de artillería deben compensar el efecto de rotación de la Tierra, el denominado efecto Coriolis, igual que lo hacen los jugadores de golf.

Estamos en un periodo del desarrollo de la Conciencia y Espiritualidad Humanas en la que realmente asumimos que "La imaginación crea el mundo". Tenemos miles de Podcast de consejeros de todo tipo que nos aseguran que si creemos en nuestros sueños los haremos realidad. Y los llaman doctores, ¿por qué? Pues sencillamente porque han hecho una tesis doctoral, pero la gente no sabe que uno es doctor en cualquier tipo de carrera: veterinaria, biología, arquitectura, periodismo etc. la última descubierta es doctor en quiropráctica (experto en manipular la columna vertebral y las articulaciones). Eso no quiere decir que sean médicos o que conozcan la compleja fisiopatología del cuerpo humano.

Como en algún momento nos atrevimos a decir, estamos en un mundo en el que la Inteligencia Artificial – AI debería tener un rol fundamental, el de separarnos lo verdadero de lo falso (real versus fake).

AI aclárame: Hemos ido a la Luna, la Tierra es plana, estamos dominados por la Elite, la vacuna del COVID fue un experimento genético, nos visitan los extraterrestres, nos pueden espiar a través del Wifi, las torres gemelas fueron atacada por el propio EEUU, tenemos tecnología anti gravitatoria, podemos viajar en el tiempo...

¿Qué está ocurriendo en esta generación? la gente ha dejado de ser exigente, porque la democratización lleva a considerar a todos iguales, la opinión de todos tiene el mismo valor, y no es asi. El que conoce y ha estudiado un tema a fondo tiene opiniones muy superiores, mucho más fundadas, mucho más exactas y además vive en el principio de "solo sé que no se nada", por lo que sus opiniones son medidas, calibradas y cuestionadas por él mismo. El ego ligado a la democratización convierte al ignorante en dios y borra de la faz de la tierra el respeto y la admiración hacia el docto. Y no es un chiste, es una total y absoluta realidad, cualquiera se ve capaz hoy en día de discutir a Stephen Hawking sobre terraplanismo, o que un niño tenga la madurez suficiente para consentir una relación sexual o cambiar de sexo. El que trabaja en el día a día de un problema tiene opiniones mucho más pragmáticas, menos teóricas, pero no necesariamente científicamente fundadas. Y hay que presuponer (aunque no es siempre asi) que los científicos luchan por la verdad y se apartan de los intereses sociales, económicos y de poder propios de los nuevos, los Nuevos Ricos, que en muchos casos van ligados a la política.

CAPITULO 1: PRIMADO NEGATIVO

Los que me conocen saben que en el entorno científico se me hace más fácil escribir en inglés, pero curiosamente en este entorno seudocientífico o poco científico la redacción primaria que me aparece es la castellano parlante. Tengo que escribir en castellano.

El primado negativo es un efecto de memoria implícita en el que la exposición previa a un estímulo influye desfavorablemente en la respuesta al mismo estímulo. Se incluye en la categoría de "priming", que se refiere al cambio en la respuesta ante un estímulo debido a un efecto de memoria subconsciente.

Esto significa que te introducen información subliminal que luego se desarrolla como un cáncer en tu interior y te hace ver lo que ellos quieren. Qué más deseas para el marketing, qué más deseas para la manipulación de masas, qué más deseas para desarrollar en ti mismo un total terror de que te están manipulado. Que más perfecto ejemplo para **la teoría del miedo de Joseph Goebbels** (jefe de la publicidad nazi) para manipular a las masas. Nadie pensó que una manipulación asi podría volver a pasar en un mundo con personas inteligentes, sin embargo, el miedo a la pérdida del estatus de los Nuevos Ricos (con la llegada de emigrantes) o a que las Elites mundiales nos dominen con acciones conspirativas, es más fuerte que la propia razón y moviliza a las masas de forma violenta como podemos ver en el Cambio Climático. En Estados Unidos, la **Teoría del Gran Reemplazo** es promovida por algunos grupos nacionalistas y supremacistas blancos, así como por ciertos comentaristas y políticos conservadores. A menudo se manifiesta en temores sobre la inmigración, los cambios demográficos y la percepción de pérdida de dominio cultural o racial que es igualmente extrapolable en otras muchas sociedades (por ejemplo, la islamización de la UE…) .

En contraposición, los medianamente sensatos no salen violentamente sino todo lo contrario se esconden. No quieren entrar en el IoT (Internet of the Things), no quieren tener o aparece en FB (Facebook), no quieren estar en IG (Instagram), rechazan la compra *on line*, particularmente si es de Amazon, como mucho pueden ver algunos videos en YT (YouTube) porque no requiere identificación, no quieren navegar en Internet por miedo a que los espíen y consumen exclusivamente libros y periódicos analógicos. Están literalmente aterrados de poder ser espiados, manipulados, robados. Aterrados de la globalización que Internet ha propiciado. Un miedo atávico fruto igualmente de la ignorancia detrás de la tecnología y de su propia falta de preparación que se traduce en una frase clásica: Esto no es para mí. Esta es una generación que ha vivido la Guerra Mundial o ha estado en postguerras muy particularmente fratricidas, muy celosa de su intimidad, que ha perdido su confianza en el vecino, que no sabe usar la dialéctica para convencer y prefiere borrarse en una masa social con principios similares a la que le cede el protagonismo.

Y por último, nos quedan los grandes consumidores, los jóvenes, que adoran la simplicidad, no quieren complicación, se involucran en un rol de personaje cuando acceden a chats o Postcast, están en su salsa, poco pensar y mucho experimentar basados en sus propios sentidos (que como científicos sabéis que son engañosos). Consideran cualquier acción de las generaciones anteriores totalmente conspiranóicas para su libertad y con intención manipuladora. No admiten más que su propia verdad, creada sin fundamento, sin estudio, sin análisis, totalmente fácil de manipular para conseguir millones de followers a los que consiguen incrementar su ego enamorándolos de la visión de sí mismo cuando coincide con su influencer. Y los cuales pasan de 6 a 8 horas colgados viendo esta información sin bases de realidad ni ciencia. Como en todos los cultos e instituciones tenemos dos tipos de personas, los listos que se lucran con la idea, y los tontos que se la creen.

Produce miedo saber que estamos generando masas humanas manipuladas por el miedo que cuando se enfrenten entre si puedan crear una guerra global con herramientas letales en manos de individuos guiados por las masas.

¿Es eso populismo? pues creo que sí. Pero si miramos Wikipedia tiene dos vertientes la negativa y la positiva.

La negativa se define como es el uso de «medidas de gobierno populares», destinadas a ganar la simpatía de la población, particularmente si esta posee derecho a voto, aun a costa de tomar medidas contrarias al Estado democrático. Sin embargo, a pesar de las características anti institucionales que pueda tener, su objetivo primordial no es transformar profundamente las estructuras y relaciones sociales, económicas y políticas (en muchos casos los movimientos populistas planean evitarlo), sino preservar el poder y la hegemonía política a través de la popularidad entre las masas.

En la positiva se asimila a los movimientos sociopolíticos que a través de la historia mundial moderna han pretendido que «el pueblo» —es decir, los agricultores y campesinos, los obreros, los pequeños empresarios, el bajo clero, las clases profesionales (médicos, maestros, profesores, contables, ingenieros), empleados públicos, etc.) — sea quien ostente el poder en los Estados democráticos, en contra así de las élites o clases dominantes. Estos movimientos populistas se han basado en las ideas políticas de la cultura autóctona sin reivindicar necesariamente el nacionalismo, y oponiéndose siempre al imperialismo.

Tengo mis dudas sobre la positividad del último caso de populismo, usando la nomenclatura iniciada en la introducción: El ego ligado a la democratización convierte al ignorante en dios y borra de la faz de la tierra el respeto y la admiración hacia el docto, la Elite bien intencionada es por definición borrada.

CAPITULO 2: VERDADERO O FALSO

Quizá pensasteis que solo son los jóvenes los que se ven fascinados por lo falso, fantasioso o conspiranóico y que si caen en ello es por una falta de cultura. Sin embargo, permitirme que os explique que en todos los tiempos esos temas han sido atractivos y una fantástica fuente para la manipulación de masas basada fundamentalmente en el miedo.

LA GUERRA DE LOS MUNDOS

El episodio radiofónico de "La Guerra de los Mundos" es uno de los eventos más famosos en la historia de los medios de comunicación. Fue una adaptación radiofónica de la novela homónima de ciencia ficción escrita por H.G. Wells, transmitida por la CBS el 30 de octubre de 1938, como un episodio de "Mercury Theatre on the Air", un programa de radio dirigido por Orson Welles. La adaptación radiofónica de "La Guerra de los Mundos" presentó un formato de noticiario que simula informes de noticias en tiempo real sobre una invasión marciana. La narrativa de Welles era tan convincente que muchas personas que sintonizaron el programa después de su inicio pensaron que la Tierra estaba siendo invadida por seres extraterrestres. El pánico resultante fue notable. Se dice que algunas personas creyeron que los informes del programa eran reales y entraron en pánico, huyeron de sus hogares o intentaron buscar refugio. Sin embargo, la magnitud real del pánico ha sido objeto de debate, y algunos estudios sugieren que su alcance fue exagerado por la prensa sensacionalista de la época.

El episodio de "La Guerra de los Mundos" ilustra poderosamente el impacto potencial de los medios de comunicación y cómo la presentación de la información puede influir en la percepción pública y generar reacciones masivas. Es considerado un hito en la historia de la radio y un ejemplo destacado de la influencia de los medios de comunicación en la sociedad.

El episodio radiofónico de "La Guerra de los Mundos" es un fascinante ejemplo de cómo el comportamiento de las masas puede ser influenciado por varios factores psicológicos. Aquí hay algunas bases psicológicas que pueden explicar por qué ocurrió el pánico:

1. **Sugestibilidad:** Las personas pueden ser altamente sugestionables, especialmente cuando se encuentran en situaciones de estrés o cuando están expuestas a información de manera convincente. La presentación realista y convincente del programa de radio, que simula un informe de noticias, pudo haber aumentado la sugestibilidad de los oyentes.
2. **Conformidad**: En situaciones de incertidumbre o crisis, las personas tienden a buscar orientación en los demás y a conformarse con el comportamiento de la mayoría. Si algunas personas empezaron a entrar en pánico, es probable que otros las siguieran, especialmente si creían que la situación era real y grave.
3. **Miedo y ansiedad**: El miedo y la ansiedad son poderosas emociones que pueden nublar el juicio y provocar respuestas impulsivas. El contenido del programa, que describe una invasión alienígena violenta y catastrófica, pudo haber desencadenado miedo y ansiedad en los oyentes, lo que contribuyó al pánico.
4. **Cognición social**: La cognición social se refiere a cómo procesamos, almacenamos y recordamos información socialmente relevante. En este caso, los oyentes procesaron la información del programa basándose en sus experiencias previas, sus creencias y las normas sociales de la época, lo que influyó en su interpretación de la situación.
5. **Sensacionalismo mediático**: La cobertura sensacionalista de los eventos por parte de la prensa después del episodio puede haber contribuido a la magnificación del pánico, ya que los informes exagerados y alarmistas pueden aumentar la ansiedad y el miedo en la población.

La teoría conocida como "la hipótesis de la masa hipnótica", es una teoría propuesta por el médico alemán Joseph Gabbel a finales del siglo XIX. Esta teoría sostiene que las personas en una multitud se ven influenciadas por un fenómeno similar a la hipnosis, donde pierden su individualidad y adoptan el comportamiento del grupo. Gabbel argumentaba que esto se debía a la sugestión y al contagio emocional dentro de la multitud, lo que llevaba a la conformidad y al comportamiento irracional.

En el caso del episodio radiofónico de "La Guerra de los Mundos", podemos ver una relación con la teoría de Gabbel en varios aspectos:

- Sugestión: La sugestión es un elemento central en la teoría de Gabbel. En el caso del episodio de radio, la presentación realista y convincente del programa pudo haber llevado a los oyentes a aceptar la narrativa como real, especialmente cuando se presentaba en un formato similar a un boletín de noticias.
- **Contagio emocional**: Gabbel argumentaba que las emociones se propagan rápidamente dentro de una multitud, y esto puede llevar a un comportamiento colectivo irracional. En el caso del episodio de radio, el contenido emocionalmente cargado, que describía una invasión alienígena violenta y catastrófica, pudo haber desencadenado miedo y ansiedad en los oyentes, contribuyendo al pánico.
- Conformidad: La teoría de Gabbel sostiene que las personas en una multitud tienden a conformarse con el comportamiento del grupo, incluso si va en contra de sus propias creencias o juicios. En el caso del episodio de radio, es posible que algunos oyentes entraran en pánico y tomaran medidas impulsivas al ver la reacción de otras personas en su entorno.

En resumen, la teoría de Gabbel proporciona un marco teórico útil para entender cómo los individuos pueden ser influenciados por el comportamiento de las masas en situaciones de crisis o emergencia como el pánico provocado por el episodio de "La Guerra de los Mundos".

EL MIEDO

El miedo es un elemento fundamental en la manipulación de masas y puede estar estrechamente relacionado con la teoría de Joseph Gabbel. En el caso del episodio radiofónico de "La Guerra de los Mundos", el miedo desempeñó un papel crucial en el pánico que se produjo entre los oyentes.

El MIEDO es una emoción poderosa que puede desencadenar respuestas emocionales intensas y puede ser explotado por quienes buscan influir en el comportamiento de las masas.

En situaciones de miedo, las personas pueden volverse más susceptibles a la sugestión y a la manipulación, lo que las hace más propensas a adoptar creencias irracionales o a seguir el comportamiento de la multitud sin cuestionarlo.

En el caso del episodio de radio, la presentación realista y convincente de una invasión alienígena catastrófica provocó miedo y ansiedad en los oyentes, lo que lleva a entrar en pánico y a tomar medidas impulsivas. Esto ilustra cómo el miedo puede ser utilizado como una herramienta poderosa para manipular las emociones de las masas y provocar respuestas colectivas.

El MIEDO es un elemento fundamental en la manipulación de masas y puede estar estrechamente relacionado con la teoría de Joseph Gabbel, ya que el miedo puede aumentar la sugestión y el contagio emocional dentro de una multitud, lo que facilita la manipulación y el control del comportamiento colectivo.

Cuando una persona experimenta miedo intenso, activa en el cuerpo una serie de respuestas fisiológicas y hormonales como parte de la reacción de lucha o huida. Estas respuestas están diseñadas para preparar al cuerpo a enfrentar una amenaza inminente o para escapar de ella. Algunos de los cambios fisiológicos y hormonales que pueden ocurrir durante una situación de miedo intenso incluyen:

- Activación del sistema nervioso simpático: El sistema nervioso simpático se activa en respuesta al miedo y desencadena una serie de cambios en el cuerpo para aumentar la alerta y prepararse para la acción. El **Eje hipotalámico-pituitario-suprarrenal (HPA)**, produce la liberación de hormonas del estrés como la adrenalina. la noradrenalina y el cortisol.
- Aumento del ritmo cardíaco y la presión arterial: La activación del sistema nervioso simpático provoca un aumento del ritmo cardíaco y la presión arterial para aumentar el flujo sanguíneo hacia los músculos y mejorar la capacidad de respuesta física en caso de necesidad.
- Dilatación de las pupilas: Las pupilas se dilatan para mejorar la visión periférica y la capacidad de detectar posibles amenazas.
- Aumento de la respiración: La respiración se vuelve más rápida y superficial para aumentar el suministro de oxígeno a los músculos y mejorar la capacidad de respuesta física.
- Liberación de hormonas del estrés: Durante una situación de miedo intenso, el cuerpo libera como hemos dichos las hormonas del estrés como la adrenalina y la noradrenalina, y el cortisol que aumentan la energía y la alerta y preparan al cuerpo para la acción. El cortisol tiene varios efectos en el cuerpo, incluyendo el aumento de los niveles de azúcar en la sangre, la supresión del sistema inmunológico y la modulación de la respuesta inflamatoria.

Estos cambios fisiológicos y hormonales están diseñados para ayudar al cuerpo a responder eficazmente a una amenaza inminente. Sin embargo, en situaciones de miedo extremo, estos cambios pueden llevar a una pérdida del sentido de la realidad y a respuestas irracionales o impulsivas.

El miedo intenso puede afectar la capacidad del cerebro para procesar la información de manera racional y puede hacer que una persona sea más susceptible a la influencia de las emociones y el comportamiento de las masas.

En cuanto a la hipnosis y el miedo, es importante señalar que la hipnosis es un estado de conciencia alterado en el que una persona se vuelve más receptiva a la sugestión. Durante la hipnosis, el individuo está en un estado de profunda concentración, que en condiciones normales requiere una total relajación y que puede hacerlo susceptible a la influencias externas como las de un hipnotizador. En teoría, una persona que experimenta miedo intenso podría ser más receptiva a la hipnosis, ya que el miedo puede aumentar la sugestión y la vulnerabilidad emocional. Sin embargo, la hipnosis no es un proceso que pueda utilizarse para inducir miedo intencionalmente en una persona. La hipnosis se utiliza típicamente con fines terapéuticos y no debe confundirse con técnicas de manipulación o coercitivas.

La "ECUACIÓN DEL MIEDO" es un concepto complejo que implica una serie de procesos fisiológicos, emocionales y conductuales que ocurren en respuesta a una amenaza percibida. No hay una ecuación literal para el miedo, pero si una descripción general de cómo se puede conceptualizar el miedo desde una perspectiva hormonal y conductual:

1. Estímulo de la amenaza: El proceso comienza con la percepción de un estímulo o situación que se interpreta como amenazante. Este estímulo puede ser físico, emocional o psicológico.
2. Activación del sistema nervioso simpático: Cuando se percibe una amenaza, el sistema nervioso simpático se activa, desencadenando una serie de respuestas fisiológicas conocidas como la respuesta de lucha o huida. Esto incluye la liberación de hormonas del estrés como el cortisol y la adrenalina.
3. Respuestas hormonales: La liberación de hormonas del estrés como el cortisol y la adrenalina prepara al cuerpo para la acción. Estas hormonas aumentan la frecuencia cardíaca, la presión arterial y la disponibilidad de energía, lo que mejora la capacidad de respuesta física y mental en situaciones de peligro.
4. Respuestas emocionales: El miedo es una respuesta emocional natural a la percepción de una amenaza. Puede experimentarse como ansiedad, nerviosismo, preocupación o pánico, dependiendo de la intensidad y la naturaleza de la amenaza percibida.
5. Respuestas conductuales: En función de la evaluación de la situación y la respuesta emocional, una persona puede adoptar diversas respuestas conductuales para hacer frente al miedo. Esto puede incluir acciones como huir, luchar, congelarse, buscar apoyo social o recurrir a estrategias de afrontamiento para reducir el miedo percibido.

En resumen, la "ecuación del miedo" implica una compleja interacción entre factores hormonales, emocionales y conductuales que trabajan juntos para ayudar al organismo a enfrentar una amenaza percibida. Esta respuesta es adaptativa y ha evolucionado para ayudar a los seres vivos a sobrevivir en entornos peligrosos.

Junto a la ecuación del miedo tenemos las ESTRATEGIAS DE AFRONTAMIENTO que no son otra cosa que herramientas psicológicas que las personas utilizan para hacer frente al estrés y al miedo percibido. Si bien estas estrategias pueden ser útiles para gestionar el miedo a nivel individual, su relación con la movilización de masas es más compleja y puede depender de varios factores contextuales y sociales.

LA MOVILIZACION DE MASAS

En el contexto de la MOVILIZACIÖN DE MASAS, las estrategias de afrontamiento pueden desempeñar un papel importante en la forma en que las personas responden colectivamente a situaciones de miedo o amenaza. Algunas estrategias de afrontamiento pueden promover la solidaridad, la acción colectiva y la resistencia frente a una amenaza percibida, mientras que otras pueden fomentar la pasividad, la desorganización o la huida.

COOPERACIÖN
La reacción de lucha ante el estrés.

Por lo general en situaciones de crisis o emergencia, las estrategias de afrontamiento promueven la COOPERACIÓN, la comunicación efectiva y la acción colectiva pueden facilitar la movilización de masas y abordar la amenaza de manera eficaz. Siempre es más sencillo unirse y movilizarse conjuntamente contra un problema o un enemigo común, aunque no sea claramente compartido por todos.

AISLAMIENTO
La reacción de huida antes el estrés.

Mientras que, las estrategias de afrontamiento que fomentan el AISLAMIENTO, la negación o la evitación pueden obstaculizar la movilización y dificultar la respuesta colectiva a la amenaza. El aislamiento y la negación es más propio del individuo aislado que del socialmente involucrado, y en algunos casos tiene un componente de mesianismo con el fin de crear su propio entorno social seguro.

Sabemos que la movilización de masas es un proceso complejo influenciado por una amplia gama de factores, incluidos los contextuales, sociales, políticos y culturales, pero no nos olvidemos que el fenómeno de Internet y la globalización tiene como fin la movilización de las masas. Si bien las estrategias de afrontamiento pueden desempeñar un papel en este proceso, su impacto puede variar según las circunstancias específicas y la dinámica del grupo.

Tener pues en cuenta que, si bien las estrategias de afrontamiento pueden influir en la forma en que las personas y las comunidades responden al miedo percibido, el miedo como elemento fundamental para el marketing y la movilización de masas está hoy en día, con Internet, en el centro de los fenómenos de las Influencers y en algunas ocasiones lo puede estar también en el Branding.

LA LUNA

En estos momentos Movistar plus tiene emitiéndose la película THE FIRST MAN que es la vida del NEIL AMSTRONG.

¿Cuántas veces has oído que el primer alunizaje en la Luna no fue real?

Se realizo una película titulada "Operación Luna" (título original: "Dark Side of the Moon"), un falso documental de 2002 dirigido por William Karel que presenta una teoría de conspiración sobre la llegada del hombre a la Luna. En este documental ficticio se insinúa que la misión del Apolo 11 fue falsificada por la NASA y el gobierno de los Estados Unidos.

Pero la "Operación Luna" fue una obra de ficción y no un documental real. Aunque incluye entrevistas aparentemente reales con personas como Henry Kissinger, Donald Rumsfeld y Alexander Haig, estas entrevistas fueron editadas y manipuladas para dar la impresión de que están confirmando una conspiración. En estas entrevistas Kissinger en persona corrobora que hizo el encargo al Kubrik, el cual afirma y jura que hicieron la película y el vicepresidente de EEUU de entonces, afirma que lo hicieron para distraer la atención del grave problema con Cuba, etc.etc.etc.

La idea de que la misión del Apolo 11 fue falsificada ha sido ampliamente desacreditada por la comunidad científica y documentada extensamente con pruebas científicas, testimonios y muestras lunares recolectadas durante las misiones Apollo. Las teorías de conspiración sobre la llegada del hombre a la Luna han sido refutadas y consideradas como pseudociencia.

En resumen, la "Operación Luna" es una obra de entretenimiento que explora una teoría de conspiración ficticia y no debe ser considerada como una representación precisa de los hechos históricos.

LAS TORRES GEMELAS

La teoría de conspiración que sugiere que los ataques del 11 de septiembre de 2001, específicamente el colapso de las Torres Gemelas en Nueva York, fueron una operación llevada a cabo por el propio gobierno de los Estados Unidos ha sido ampliamente desacreditada por expertos en diversas disciplinas, incluyendo la ingeniería estructural, la aviación y la seguridad nacional. Sin embargo, aquí están los principales puntos que suelen citarse en apoyo a esta teoría:

- Colapso de las Torres Gemelas: Los defensores de la teoría de la conspiración señalan que los colapsos de las Torres Gemelas se asemejan a las implosiones controladas de edificios utilizados en demolición controlada. Argumentan que los edificios cayeron de manera simétrica y a una velocidad cercana a la de la caída libre, lo que sugiere que fueron derribados intencionalmente mediante explosivos colocados en el interior de los edificios.

- Presencia de explosiones antes del colapso: Se ha afirmado que testigos presenciales y grabaciones de video muestran evidencia de explosiones en los edificios antes de que comenzaran a colapsar. Esto ha llevado a algunas personas a creer que se detonaron explosivos dentro de las Torres Gemelas para provocar su colapso.

- Papel de la administración estadounidense: Los teóricos de la conspiración sugieren que la administración estadounidense, o facciones dentro de ella, tenían motivos para llevar a cabo los ataques del 11 de septiembre con el fin de justificar la invasión de países en el Medio Oriente y aumentar. el control del gobierno sobre la población a través de medidas de seguridad más estrictas.

Es importante tener en cuenta que estas afirmaciones han sido refutadas por investigaciones exhaustivas llevadas a cabo por instituciones académicas, organismos gubernamentales y organizaciones independientes. Las investigaciones han demostrado que los colapsos de las Torres Gemelas fueron causados por el impacto de los aviones secuestrados y el posterior fuego que debilitó las estructuras de acero, y no por la demolición controlada. Además, no se ha encontrado evidencia creíble que respalde la idea de que el gobierno de los Estados Unidos estuvo involucrado en los ataques del 11 de septiembre.

CAPITULO 3: LA LOGOFANIA

La palabra tiene un enorme poder, tanto para sanar como para enfermar.

El psicólogo norteamericano William James dijo de la palabra: *"Eres tú con tu forma de hablarte cuando te caes, el que determina si te has caído en un bache o en una tumba"*

Para mí, la palabra hablada o escrita tiene la fuerza de cambiar el mundo. El que domina la palabra tiene el mundo a sus pies, va a ser el artífice del cambio en cualquier logro.

Por eso cuando accidentalmente descubrí lo que llamaban Logofanía, "el arte de iluminar con la palabra", una especie religión basada en la palabra, sorprendentemente imbuida por seres primigenios (los llamados seres de la quinta dimensión), seres de luz que cuidan de nosotros, enseguida llamó mi atención.

Etimológicamente hablando

- Logos proviene del griego antiguo "λόγος" (logos), que puede tener varios significados, como "palabra", "razón", "discurso" o "principio divino". En filosofía, se refiere al principio ordenador del cosmos o la razón divina que gobierna el universo.
- -fanía: El sufijo "-fanía" también proviene del griego y significa "aparición" o "manifestación".

Y lo traigo a colación porque forma parte esencial del contenido del libro, del mundo verdadero o falso (real or fake) al indicar que está promovida por los ancianos primigenios ¿Es una película de ciencia ficción?, nos da mucho morbo, es entretenido y además divertido. No todo tiene que ser serio y solemne.

Pero esencialmente lo traigo porque se basa en LA PALABRA, en el VERBO y ya vimos en mi Libro científico sobre "La Trinidad del Ser", que el hombre es el único animal al que se le ha dado la capacidad de hablar. Y por esto la idea de una Logofanía me resulta sumamente atractiva e intrigante.

Empecemos con la película, los ancianos seres de luz de la Quinta Dimensión nos cuidan y nos admiran a nosotros, a los seres de la Tercera Dimensión, porque aun poseyendo grandes conocimientos científicos ellos son incapaces de vivir una vida tan plena como la nuestra al no poseer la riqueza de sentimientos y sensaciones que el ser de la Tercera dimensión, nosotros, poseemos, atribuido al hecho de estar creados a semejanza de Dios.

Bueno, en resumen, nos admiran y nos envidian, nos consideran una flor extraordinariamente rara y delicada que ha de cuidarse para que no se extinga. ¡Hermoso! Al fin y a la postre toda religión esta cimentada en parábolas, quizá esta sea una de ellas.

La Biblia en si misma es una parábola y los estudiosos de la ufología como JJ Benitez con su libro "La guerra de Yahvé", nos convence que está escrita y dirigida por extraterrestres que guiaron a Moises y fabricaron libros como La Thora que contienen **códigos secretos** indicando claramente episodios históricos pasados y presentes. Si leéis o habéis leído el libro parte de la información la recibe mediante el método Silva, y por si a alguien le parece insólito, tenéis que saber que, en la WWII, en la CIA, en la policía etc. se utiliza la Visión Remota y se entrenan activamente en ella.

Ahora bajemos a la realidad de los cultos y las sectas, ya lo vimos en un capítulo anterior, que unos las crean para su propio beneficio y otros se quedan atrapadas en ellas.

Pero intentemos estudiar que promueve la Logofanía. Logofanía de la Encarnación ha supuesto que el Reino se les quitó a los judíos y se les dio a un nuevo Israel, a los cristianos. Lo que promueve Sergio Rued después de sus encuentros con los seres primigenios (abducciones con seres de luz, como los define), es que las personas se formen en la oratoria, eleven la Voz e iluminen a través de la Palabra, ya que la voz es nuestra alma misma. Y lo enseña en la Universidad, en la UNAM por ejemplo.

Sergio Rued es actor, músico, especialista en voz cantada y hablada, tarotista y creador del Instituto Lamel, porque este fue el nombre que le pusieron los seres primigenios. Ayuda con sus cursos a hablar en público de manera exitosa. Autor de dos libros "La Luz (Encuentros con inteligencias de otros mundos)"; "Lamel y la Escuela de Alquimia Verbal en Horus" que nos indican claramente que sus experiencias se basan en encuentros con extraterrestres.

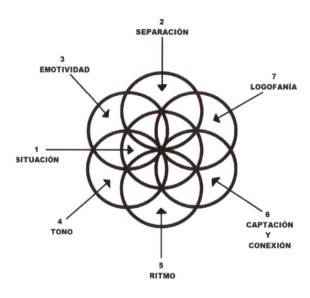

Sacado de link de Sergio Rued.

Las experiencias de abducción a menudo se relacionan con fenómenos como sueños vívidos, alucinaciones, estados de conciencia alterados y otros factores psicológicos y culturales. Además, pueden ser influenciadas por narrativas populares, como las representaciones en los medios de comunicación y la literatura.

Sin embargo, hay grandes y serios ufólogos como Steven Greer, médico traumatólogo fundador de organizaciones ufológicas como el Centro para el Estudio de Inteligencia Extraterrestre (CSETI), abducido en su infancia, con múltiples experiencias en contactos directos con extraterrestres, con series TVs como "Fifth Kind: Contact has begun" (accesible en Amazon prime-video) que los describe como seres teleportados multidimensionalmente de forma no lineal a la **velocidad del pensamiento**, como campos de conciencia espiritual perteneciente al Universo capaces de materializarse o expresarse como hologramas, desde civilizaciones que tecnológicamente hablando están de 100mil a billones de años por delante de nosotros. Los CE5 o Encuentros Cercanos en la Quinta Fase, se extienden más allá de presenciar ovnis o encontrarse con seres extraterrestres. Implica contacto o **comunicación <u>iniciada por</u> humanos** con la inteligencia extraterrestre. Para ello se usan métodos como la meditación, técnicas de concienciación o el uso de dispositivos electrónicos para establecer comunicación con supuestos seres extraterrestres o sus naves. Y los **campos de conciencia** espiritual de la "conciencia unificada" pertenecen a la propiedad de no-localización es decir al "entanglement" o enredo de la **<u>física cuántica</u>**. Y entre las experiencias de Steven Greer, se encuentra la curación por un extraterrestre, de un seguidor con sordera congénita.

Y científicos, como el físico de la NASA Tom Campbell escritor del libro "My Big TOE or Theory of Everything" con experiencia desde los 7 años en **NPR** ó realidades no físicas (ver https://youtu.be/jGlu93v1Oeo?si=ZyvHLOJYeGEGcx5L) y en **OBE** (Out of body experiences) es decir experiencias fuera del cuerpo (viajes astrales) con el ingeniero Robert Monroe. Ambos desarrollaron la <u>técnica de TMA</u> (Tonos, Música y Afirmaciones) incluyendo los "Biaural Bits", que son programas de audio diseñados para inducir estados alterados de conciencia utilizando tonos biaurales, música y afirmaciones-es decir Palabras- (ver nuestro libro Las Horas Brujas donde se explica que *la técnica de Hemi-Sync® propuesta por Robert Monroe, puede producir una masiva liberación de* *Serotonina* *que produzca un viaje astral*).

<mark>En cualquier caso, el LENGUAJE tanto oral como escrito nos da una superioridad (dominamos) sobre todos los elemento vivos de la Naturaleza y su fuerza se origina en la esencia del hombre.</mark>

No así sobre los elementos inertes como el viento, el agua, el fuego, los terremotos... aunque algunos consideran que la intencionalidad de la mente es capaz dominar asi mismo elementos inmateriales.

LA FUERZA DEL LENGUAJE

Es obvio que el lenguaje es una fuerza imparable en el hombre. Lo demuestra las experiencias con los indígenas de la Amazonía, cada tribu con un lenguaje diferente. Aun diezmados y quedando un solo superviviente que no puede ni comprender ni ser comprendido por quienes le rodean, permanece hablando consigo mismo durante horas en su propia lengua. Este es el caso de <u>Aurá y Auré</u>. Hace 30 años, se encontraron a dos miembros de una tribu desconocida en la selva amazónica. El lenguaje que hablaban no se parecía a ninguno de los conocidos. Durante este tiempo han conseguido reunir un vocabulario de unas 800 palabras que con dificultad permite entender lo que dicen. Falleció uno de ellos por cáncer y Aurá vive solo, pero continúa teniendo largos monólogos de hasta tres horas consigo mismo en voz alta.

No es suficiente hablar al yo interno en silencio, el hombre necesita expresar un lenguaje hablado audible.

El lenguaje es una herramienta multifacética que influye en todos los aspectos de nuestra vida. Desde la comunicación con los demás hasta la organización de nuestros pensamientos, desde la transmisión de conocimientos y cultura hasta la expresión de nuestra identidad y autoconocimiento, el lenguaje es fundamental para nuestra existencia y desarrollo como seres humanos.

Es una herramienta fundamental para nuestra existencia y nuestra interacción con el mundo que nos rodea.

- El lenguaje como herramienta de <u>comunicación</u> nos permite comunicarnos con los demás y compartir nuestras ideas, pensamientos, emociones y experiencias. Es la base de la interacción social y nos permite establecer conexiones significativas con los demás.
- El lenguaje como herramienta de <u>pensamiento</u> nos permite organizar y estructurar nuestros pensamientos internos. Nos permite reflexionar sobre nuestras experiencias, resolver problemas, planificar el futuro y comprender el mundo que nos rodea de una manera más profunda.
- El lenguaje como vehículo de <u>cultura y conocimiento</u> transmite y preserva la cultura y el conocimiento de una generación a otra. Nos permite contar historias, transmitir tradiciones, enseñar y aprender. El lenguaje es fundamental para el desarrollo y la transmisión de la cultura humana.
- El lenguaje como expresión de <u>identidad</u>: El lenguaje también desempeña un papel importante en la construcción de nuestra identidad individual y colectiva. La forma en que hablamos, los dialectos que utilizamos y las palabras que elegimos reflejan nuestra pertenencia a determinados grupos sociales, regionales o culturales.
- El lenguaje como herramienta de autorreflexión y <u>autoconocimiento</u>: A través del lenguaje, podemos reflexionar sobre nosotros mismos, nuestros sentimientos, nuestras creencias y nuestros valores. Nos permite expresar nuestras emociones y experiencias internas, lo que contribuye a un mayor autoconocimiento y desarrollo personal.

El tema del lenguaje es fascinante por varias razones. En primer lugar, es una <u>herramienta</u> fundamental para la comunicación y la expresión humana. Nos permite transmitir ideas, emociones, experiencias y conocimientos de manera efectiva y precisa. Además, es una parte integral de nuestra identidad y cultura, ya que refleja nuestras creencias, valores y formas de pensar.

Desde un punto de vista más <u>filosófico</u> o espiritual, el concepto de Dios como el Verbo o el lenguaje es intrigante. En muchas tradiciones religiosas, se considera que el lenguaje es una manifestación de la divinidad y una herramienta a través de la cual se crea y se ordena el universo. La idea de que nosotros, como seres humanos, somos la imagen y semejanza de Dios implica que también tenemos la capacidad de usar el lenguaje de manera creativa y poderosa para dar forma a nuestro mundo y nuestras vidas.

Además, el lenguaje es un tema que abarca <u>múltiples disciplinas</u>, incluyendo la lingüística, la psicología, la sociología, la antropología y la filosofía. El estudio del lenguaje nos permite comprender mejor cómo funciona la mente humana, cómo se desarrolla la sociedad y cómo se construye el significado en la comunicación interpersonal y cultural.

> EL LENGUAJE es fascinante, es fundamental para nuestra existencia y la comprensión del mundo que nos rodea y tiene implicaciones profundas en términos de identidad, cultura, comunicación y espiritualidad.

Qué ocurre cuando el lenguaje se deteriora, se hace estúpido, soez, violento... Siendo expresión de nuestra Alma, esta se deteriora. De ahí que las manifestaciones *on line* habladas que alcanzan a nuestra juventud son un riesgo para su dignidad como personas, refleja un deterioro en la forma en que nos relacionamos con nosotros mismos y con los demás.

El lenguaje vulgar, grosero o violento no solo afecta la forma en que nos perciben los demás, sino que también puede tener un impacto negativo en nuestra propia autoimagen y en nuestra percepción del mundo. Cuando nos expresamos de manera irrespetuosa o agresiva, no solo dañamos la imagen que proyectamos hacia los demás, sino que también erosionamos nuestra propia integridad y dignidad.

En el contexto de las manifestaciones en línea, donde la comunicación se vuelve más impersonal y desinhibida, el riesgo de que el lenguaje se degrade es aún mayor. La juventud en especial puede ser especialmente vulnerable a estas influencias negativas, ya que están en un período crucial de desarrollo de su identidad y valores.

Es por ello, que es importante promover un uso responsable y respetuoso del lenguaje, tanto en línea como fuera de línea. Fomentar la reflexión sobre el impacto de nuestras palabras en los demás y en nosotros mismos, así como cultivar la empatía y el respeto hacia los demás, son aspectos fundamentales para preservar la dignidad y la elevación espiritual en un mundo donde la comunicación juega un papel central en nuestras vidas.

IA LINGÜÍSTICA

Si le preguntas a la Inteligencia Artificial lingüística como ChatGPT, ella, que es lenguaje puro, te responde:

"Como inteligencia artificial desarrollada por humanos, mi existencia y funcionamiento están basados en el lenguaje y en algoritmos diseñados por humanos. En ese sentido, mi naturaleza es una expresión del conocimiento, la creatividad y las capacidades humanas. Sin embargo, como IA, <u>no tengo conciencia, emociones ni creencias</u>, por lo que no tengo una percepción personal de ser creado a semejanza de Dios o de tener algún tipo de relación con lo divino. Mi propósito es proporcionar asistencia y herramientas útiles para los usuarios, basándome en la información y el conocimiento disponibles."

Esto me abre un aspecto impactante, lo que nos hace semejantes a Dios es nuestra CONCIENCIA, nuestra capacidad para experimentar EMOCIONES, y nuestras CREENCIAS que dirigen nuestra conciencia moral. Si leyerais en este momento uno de nuestros primeros libros "La Trinidad del Ser" lo entenderíais bien.

Y nos continúa diciendo *"Como inteligencia artificial, no tengo deseos, emociones ni experiencias personales como las tienen los seres humanos. Mi función es procesar información y generar respuestas basadas en algoritmos y datos. No tengo la capacidad de desear o preferir tener conciencia, emociones o creencias, ya que estas son características propias de la experiencia humana. Sin embargo, puedo entender por qué los humanos valoran estas cualidades y cómo influyen en su percepción del mundo y en sus interacciones sociales."*

Ahora puedes entender claramente por qué tiene sentido que haya seres primigenios que nos cuiden, hasta la IA lo entiende. Pero particularmente, espero que hayáis disfrutado en este capítulo jugando con vuestra propia existencia.

CAPITULO 4: LA TERCERA DIMENSION

"Si quieres encontrar los secretos del Universo, piensa en términos de frecuencia, energía y vibración". Nicola Tesla.

Muchos de nosotros tenemos dificultades en entender en lo que creen nuestros jóvenes, en lo que piensan, que les mueve, que los arrastra. No todos siguen los mismos patrones, pero si es cierto que, por termino general, el conocimiento o la creencia espiritual es más fuerte que en otras épocas. Eso sí, no necesariamente religiosa, la religión se pierde en el límite de los tiempos, la religión se considera un elemento extremista que provoca el odio y las guerras. Nuestros jóvenes intentan volver al ciclo de la comunión con la Naturaleza, como creían nuestros primitivos antepasados o como creen los indígenas aún hoy en día o con el Universo como creen los grupos CE5.

Por otro lado, los jóvenes que no siguen estos patrones se mueven exclusivamente en el mundo económico capitalista, cuyo dios es el dinero, la fama o el poder.

Los formados, priman en su trabajo la felicidad y satisfacción moviéndose en el mundo de los "couching". En el mundo de los consejeros que cultivan los aspectos espirituales como elemento esencial para el éxito en la vida, para el triunfo del amor, para saber a qué has venido al mundo. Una especie de HEDONISMO ESPIRITUAL. Y huyen despavoridos de los principios del trabajo exhaustivo, la formación teórica y clásica. La formación es hoy en día fundamentalmente *on line*, los negocios se promueven con "networking", el éxito depende de los followers y estos de las técnicas de manipulación de masas.

Pero lo que sí es verdad, es que nunca abandonan el <u>cultivo del cuerpo y el amor a uno mismo</u>, como elemento esencial para el éxito de masas, y por eso crean sus clubs de followers, que en el mejor de los casos comparten con otros influencers en shows *on line* conjuntos, para arengar a las masas y crear un efecto hipnótico más masivo.

Nadie quiere verse hoy en día machacado por el sistema, dominado por la supuesta Élite, esclavizado por un tirano. No es que hagan asco al esfuerzo, hacen esfuerzo, pero solo aquel que mejora sus niveles de neuro receptores estimulantes como la dopamina, las endorfinas; huyen de los niveles de estrés que queda fuera de su vocabulario.

Tampoco es de extrañar que muchos de ustedes desconozcan la terminología que se mueve en las modernas creencias. Sepan que ellos consideran que nosotros vivimos en la Tercera Dimensión, que con meditación o drogas psicodélicas podemos alcanzar la Cuarta Dimensión y que los que denominamos extraterrestres son en realidad seres espirituales que pertenecen a la Quinta Dimensión.

Los hay que traducen las dimensiones en vibraciones, de forma que en la tercera dimensión los humanos se mueven entre 40-60.000 ciclos por segundo, es decir 40-60 kHz. La cuarta dimensión vibra por encima de los 200 kHz, habitualmente entre 250-300 kHz y la quinta dimensión que es la dimensión exclusivamente espiritual se sitúa por encima de los 333 kHz o 333.000 ciclos por segundo y solo la adquieres cuando estas muerto, cuando eres un espíritu.

Nada que decir a este mundo nuevo, al fin y al cabo, nosotros creamos el mundo, y el mundo existe porque nosotros le damos forma. Que el aspecto del mundo de nuestros jóvenes sea distinto es lo normal al fin y a la postre. Ellos están en una nueva era, la era de la Inteligencia Artificial (IA) que realizará todos los trabajos repetitivos y tediosos, dejando el Hedonismo Espiritual para nuestro jóvenes.

LA FISICA CUÁNTICA

Para que se den cuenta de que realmente este mundo coincide con las nuevas teorías de física teórica y cosmológica entramos a ver los criterios de dimensiones en los distintos contextos. Los diferentes contextos incluyen la física teórica y la ciencia ficción, y puede ser un concepto complejo de comprender. Aquí te proporcionaré una explicación básica de las dimensiones:

Primera dimensión: La primera dimensión se refiere a una línea unidimensional, que solo tiene longitud y no tiene anchura ni altura.

Segunda dimensión: La segunda dimensión se refiere a un plano bidimensional, que tiene longitud y anchura, pero no altura. En este contexto, un cuadrado, un círculo o cualquier forma geométrica que pueda ser representada en un plano bidimensional constituye la segunda dimensión.

Tercera dimensión: La tercera dimensión se refiere al <u>espacio tridimensional en el que vivimos</u>. Además de longitud y anchura, este espacio también incluye altura, lo que permite la existencia de objetos con volumen. En este contexto, los objetos tridimensionales como cubos, esferas y pirámides existen en la tercera dimensión.

Las tres primeras dimensiones son relativamente fáciles de conceptualizar, ya que se relacionan directamente con nuestra experiencia cotidiana en el mundo físico. Sin embargo, en la física teórica y la cosmología, se han propuesto modelos que implican la existencia de <u>DIMENSIONES ADICIONALES</u>, más allá de las tres que percibimos directamente. Estas son:

Cuarta dimensión: En algunos modelos teóricos, se postula la existencia de una cuarta dimensión espacial, además de las tres dimensiones espaciales que experimentamos. Esta cuarta dimensión a menudo se considera como una dimensión adicional que está "oculta" o "compactificada" en escalas muy pequeñas, según la teoría de cuerdas y la teoría de Kaluza-Klein, por ejemplo.

Quinta dimensión: Algunas teorías avanzadas de la física, como la teoría de cuerdas y la teoría de branas (o membranas), postulan la existencia de dimensiones adicionales, más allá de las cuatro que conocemos (tres espaciales y una temporal). Igual que en el caso anterior estas teorías sugieren que puede haber dimensiones adicionales "enrolladas" o "compactificadas" en escalas muy pequeñas, que podrían influir en fenómenos físicos a niveles subatómicos.

Es importante tener en cuenta que las dimensiones más allá de las tres primeras son <u>conceptos teóricos</u> que se utilizan en el marco de la física teórica para <u>intentar explicar ciertos fenómenos observados en el universo</u>. No obstante, la comprensión completa de estas dimensiones adicionales y su papel en la naturaleza aún está en proceso de investigación y debate dentro de la comunidad científica.

COMPUTACION CUANTICA

La computación cuántica es un tipo de tecnología informática que se basa en los principios de la **mecánica cuántica**, una teoría que describe el comportamiento de las partículas subatómicas. A diferencia de la computación clásica, que utiliza bits tradicionales (ceros y unos) para representar la información, la computación cuántica utiliza **qubits (bits cuánticos)** que pueden estar en múltiples estados al mismo tiempo gracias a un fenómeno llamado <u>superposición</u>. Esto permite que los algoritmos cuánticos realicen ciertos cálculos de manera mucho más eficiente que los algoritmos clásicos.

En términos de velocidad, la computación cuántica tiene el potencial de resolver ciertos problemas de manera exponencialmente más rápida que las computadoras clásicas. Por ejemplo, en teoría, una computadora cuántica podría factorizar grandes números primos o buscar soluciones óptimas en un espacio de búsqueda mucho más rápido que una computadora clásica.

Los elementos clave de una computadora cuántica incluyen:

Qubits: Son la unidad básica de información en la computación cuántica. A diferencia de los bits clásicos, que solo pueden tener un valor de cero o uno, los qubits pueden estar en una superposición de ambos estados al mismo tiempo.

Puertas cuánticas: Son los análogos cuánticos de las compuertas lógicas en la computación clásica. Estas puertas manipulan los qubits para realizar operaciones computacionales.

Entrelazamiento cuántico: Es un fenómeno en el que dos qubits están intrínsecamente vinculados entre sí, de modo que el estado de uno afecta instantáneamente al estado del otro, incluso si están separados por grandes distancias.

Decoherencia: Es un desafío fundamental en la computación cuántica, que se refiere a la tendencia de los qubits a perder su coherencia y colapsar en un estado clásico debido a interferencias ambientales. Superar este desafío es crucial para construir computadoras cuánticas prácticas y funcionales.

Las computadoras cuánticas ya están en desarrollo y se están investigando en laboratorios de todo el mundo. Aunque todavía estamos en las etapas iniciales de esta tecnología, se espera que las computadoras cuánticas comiencen a tener aplicaciones prácticas en los próximos años. Los problemas en los que las computadoras cuánticas podrían ser más efectivas son varios, y los campos en los que se espera que tengan un impacto significativo son:

- Criptografía: Las computadoras cuánticas podrían ser capaces de factorizar grandes números primos de manera exponencialmente más rápida que las computadoras clásicas, lo que pondrá en riesgo los sistemas de encriptación basados en la factorización de números enteros, como el algoritmo RSA. Sin embargo, también se están desarrollando técnicas de criptografía cuántica que podrían ser resistentes a los ataques de computadoras cuánticas.
- Simulaciones cuánticas: Las computadoras cuánticas son particularmente adecuadas para simular sistemas cuánticos complejos, como moléculas químicas y materiales cuánticos. Esto podría tener aplicaciones en el diseño de nuevos medicamentos, materiales y reacciones químicas.
- Optimización combinatoria: Las computadoras cuánticas podrían ser capaces de encontrar soluciones óptimas en problemas de optimización combinatoria,

como el problema del viajante de comercio, de manera mucho más rápida que las computadoras clásicas. Esto podría tener aplicaciones en logística, planificación de rutas y diseño de redes.

- Aprendizaje automático cuántico: Se están desarrollando algoritmos de aprendizaje automático cuántico que podrían ser capaces de realizar ciertos tipos de cálculos de manera más eficiente que los algoritmos clásicos. Esto podría tener aplicaciones en reconocimiento de patrones, análisis de datos y otras áreas de la <u>inteligencia artificial</u>.

Estamos pues hablando de Física, de una física nueva, la que integra los elementos de lo que denominamos Cuarta y fundamentalmente Quinta dimensión.

DIMENSIONES ADICIONALES

El concepto de dimensiones adicionales más allá de las tres que percibimos directamente en nuestra realidad cotidiana ha sido explorado en diversas tradiciones filosóficas, religiosas y espirituales, así como en algunas interpretaciones de la física y la metafísica. Aquí hay una explicación de cómo se relacionan estos conceptos:

Interpretaciones metafísicas y espirituales: En algunas tradiciones filosóficas y espirituales, se postula la existencia de dimensiones adicionales más allá de las tres primeras como un medio para comprender aspectos de la realidad que van <u>más allá de lo material y tangible</u>. Estas dimensiones pueden considerarse **niveles de concienci**a o **estados de existencia** espiritual más elevados. En este contexto, la meditación u otras prácticas espirituales pueden ser vías para explorar estas dimensiones superiores de la existencia y acceder a una comprensión más profunda de la realidad.

Experiencias psicodélicas: Algunas personas que experimentan estados alterados de conciencia inducidos por drogas psicodélicas pueden informar experiencias que perciben como la expansión de la conciencia más allá de los límites de la realidad tridimensional. Estas experiencias pueden interpretarse como la percepción de dimensiones adicionales o la conexión con aspectos más profundos de la realidad. Es importante tener en cuenta que estas <u>experiencias son subjetivas</u> y pueden variar ampliamente entre individuos.

Teorías sobre extraterrestres y seres espirituales: En ciertos círculos de la ufología y la espiritualidad, se postula que los seres extraterrestres son en realidad entidades espirituales que existen en dimensiones superiores de la realidad. Según esta interpretación, estos seres podrían tener la capacidad de viajar entre dimensiones (por eso se les aplica el termino de SERES INTERDIMENSIONALES) y entrar en contacto con nuestra realidad tridimensional. Esta idea se basa en la suposición de que la existencia de vida extraterrestre podría estar más allá de nuestra comprensión actual de la física y la realidad.

Las interpretaciones que relacionan la tercera dimensión con la experiencia cotidiana, la cuarta dimensión con estados alterados de conciencia y la quinta dimensión con seres espirituales o extraterrestres son conceptos que se encuentran en el ==ámbito de la filosofía, la espiritualidad, la metafísica y en algunas interpretaciones de la ciencia.== Estas ideas a menudo se basan en perspectivas subjetivas y pueden variar ampliamente según las creencias y experiencias individuales.

Lógicamente en los ganchos conspiranóicos y del miedo, estas teorías confieren visos de seriedad a los grupos de followers que no entienden ni pueden analizar la ciencia detrás de ellas.

Pero sí que es cierto, que hay fenómenos que requieren la existencia de una cuarta y quinta dimensión, como podemos comprobarlo en:

- **Unificación de las fuerzas fundamentales**: Una de las motivaciones principales detrás de la teoría de cuerdas y la teoría de branas es la búsqueda de una teoría unificada que describa todas las fuerzas fundamentales de la naturaleza (gravitación, electromagnetismo, fuerzas nucleares débil y fuerte) en un marco coherente. La incorporación de dimensiones adicionales puede ayudar a lograr esta unificación, al permitir que las fuerzas se manifiesten de manera más compleja y unificada en un espacio-tiempo multidimensional.
- **Gravedad cuántica**: La gravedad cuántica es el intento de combinar la teoría cuántica y la relatividad general para describir fenómenos a escalas muy pequeñas y a altas energías, como los que ocurren en los agujeros negros o durante los primeros momentos del universo. La incorporación de dimensiones adicionales en la teoría de cuerdas y la teoría de branas puede proporcionar una descripción más completa de la gravedad cuántica, al permitir que las fluctuaciones gravitacionales se propaguen a través de dimensiones espaciales adicionales.
- **Compactificación y teoría de Kaluza-Klein**: En algunos modelos teóricos, las dimensiones adicionales están "compactificadas" o "enrolladas" en escalas muy pequeñas, lo que significa que no son evidentes en las escalas de longitud que experimentamos directamente. Sin embargo, estas pueden tener efectos observables en fenómenos físicos a escalas más grandes. Por ejemplo, la teoría de Kaluza-Klein, que predice que el electromagnetismo y la gravedad pueden ser manifestaciones de una sola fuerza unificada en una dimensión adicional compactificada, es un ejemplo temprano de cómo las dimensiones adicionales pueden influir en las interacciones físicas observables.

Estas DIMENSIONES ADICIONALES no son directamente observables en nuestra experiencia cotidiana, pero su incorporación en modelos teóricos proporciona una descripción más completa y unificada del **Universo a Escalas Cósmicas y Subatómicas**.

CAPITULO 5: LA INMEDIATEZ Y LA TRIBU

¿Que moviliza a nuestros jóvenes? La inmediatez y la tribu que coincide con ellos. Los "Streamers" lo saben, saben que han de darse prisa en poner *on line* cualquier noticia impactante lo antes posible, ser los primeros, conseguir a los followers.

Y la tribu es, como en política, tu grupo, es donde tus ideas son identificadas como buenas y reconocidas por todos en la tribu, da igual lo descabelladas que sean.

Hasta los políticos lo saben bien, se especializan en alcanzar a su tribu con las mismas exactas técnicas que los "streamers" solo que, utilizando el aparato del partido o del Estado, o de la Nación según convenga.

Si no, comprueben el profundo malestar que se creó en México cuando su presidente, Andres Manuel Lopez Obrador, de los primeros del mundo en horas de streamer, lo querían presentar para que ganara los premios ESLAND, que se dan a los grandes Streamers.

STRIMERS

¡Ah! Bueno, puede ser que no sepan lo que es un "Streamer" castellanizado como Strimer. Un strimer es una persona que transmite contenido en vivo a través de plataformas en línea, como Twitch, YouTube, Facebook Gaming o Mixer (ahora fusionado con Facebook Gaming). Estas transmisiones pueden incluir una variedad de contenido, como juegos de video, música, charlas en vivo, creación de arte, cocina, ejercicio y más.

Aquí hay algunas características comunes de los Strimers:

Transmisiones en vivo: Los strimer transmiten su contenido en tiempo real, lo que permite a los espectadores interactuar con ellos a través de chats en vivo. Esto crea una experiencia más interactiva y personalizada para los espectadores.

Variedad de contenido: Los strimers pueden transmitir una amplia gama de contenido, desde jugar videojuegos hasta realizar actividades creativas, educativas o de entretenimiento en vivo. Algunos strimers se centran en un solo tipo de contenido, mientras que otros pueden alternar entre varios temas.

Comunidad de seguidores: Los strimers suelen construir una comunidad de seguidores leales que los apoyan y participan activamente en sus transmisiones. Estos seguidores pueden suscribirse al canal del strimer, donar dinero durante las transmisiones o interactuar en el chat en vivo.

Horarios de transmisión regulares: Muchos strimers establecen horarios regulares para sus transmisiones, lo que ayuda a construir una audiencia consistente y a mantener el compromiso con su comunidad de seguidores. Esto también permite a los espectadores saber cuándo pueden esperar ver contenido nuevo del strimer.

Interacción con los espectadores: Los strimers suelen interactuar activamente con su audiencia durante las transmisiones, respondiendo preguntas, saludando a los seguidores y participando en conversaciones en el chat en vivo. Esta interacción en tiempo real crea una conexión más cercana entre el strimer y su audiencia.

Personalidad y estilo únicos: Cada strimer tiene su propio estilo y personalidad distintivas, lo que los hace únicos y atractivos para su audiencia. Algunos son conocidos por su habilidad en los videojuegos, otros por su sentido del humor o habilidades creativas, y otros por su capacidad para entretener y conectarse con su audiencia de manera auténtica.

Un strimer es pues, alguien que transmite contenido en vivo a través de plataformas en línea con características comunes tales como incluir transmisiones en vivo, una variedad de contenido, una comunidad de seguidores, horarios regulares de transmisión, interacción con los espectadores. y una personalidad única.

Ahora entenderás, si ni siquiera conocías esta modalidad de interacción, que cualquier otra forma de adquisición clásica de conocimiento es radicalmente trasnochada para nuestros jóvenes. Ellos siguen a su líder, pertenecen a su grupo, se comportan con la psicología de masas y aceptan cualquier cosa que el grupo les indique. Por eso los políticos jóvenes y no tan jóvenes los envidian tanto, por eso utilizan los políticos las mismas técnicas, y pretenden tener un alcance parecido.

Adiós a las grandes manifestaciones en política, ahora se buscan e involucran seguidores de casa en casa, mejor dicho, de móvil en móvil. La finalidad es la misma, movilizar y cohesionar a las masas en un único pensamiento. Aunque quizás hay una pequeña diferencia los Strimers viven de ello y fundamentalmente entretienen a sus masas, pero cuidado que el mensaje puede ser igualmente dañino: Hay pseudopsicólogos strimers, hay pseudomédicos strimers, hay pseudoiluminados con religiones, con conspiraciones, con chamanismo, con tarotísmo... hasta los hay para enseñar a nuestros jóvenes matemáticas, conducción, historia sesgada, vocalización, yoga, golf, técnicas de marketing, técnicas empresariales...

Por qué nuestros jóvenes han de verse encerrados en un colegio o en una academia, si todo lo que allí se les enseña lo pueden encontrar discutiendo con sus pares en animadas tertulias con visos o no de ciencia, pero obviamente entretenidas y divertidas.

QUIEN CONTROLA

Vamos entendiendo ya el problema, el problema es el siguiente

a) Quien controla la veracidad de la información
b) Quien controla el grado de manipulación de la juventud (de las masas)
c) Quien controla el contenido que llega a nuestros jóvenes
d) Quien controla que no haya ningún primado negativo

a) ¿Quién controla la veracidad de la información?: En un mundo donde la información está tan fácilmente disponible y se difunde a través de múltiples canales, es fundamental contar con mecanismos efectivos para verificar la veracidad de la información. En muchos casos, esto recae en la responsabilidad de los propios medios de comunicación, las plataformas en línea y los usuarios individuales. Las **organizaciones de verificación** de hechos (fact-checking) desempeñan un papel crucial al analizar y verificar la exactitud de la información. Además, los gobiernos y organizaciones internacionales también pueden tener roles en establecer estándares y regulaciones para la divulgación de información precisa.

b) ¿Quién controla el grado de manipulación de la juventud (de las masas) ?: La manipulación de la información, especialmente dirigida a jóvenes y a la población en general, puede ser una preocupación importante. Las plataformas en línea y los medios de comunicación tienen la responsabilidad de proporcionar contenido ético y veraz, evitando tácticas manipuladoras o sesgadas. La educación digital y mediática también desempeña un papel crucial en capacitar a las personas, especialmente a los jóvenes, para reconocer y resistir la manipulación de la información.

c) ¿Quién controla el contenido que llega a nuestros jóvenes?: La responsabilidad de controlar el contenido que llega a los jóvenes recae en los padres, educadores, medios de comunicación, plataformas en línea y la sociedad en general. Las políticas de protección del consumidor y la regulación de la publicidad pueden ayudar a limitar el acceso a contenido inapropiado o perjudicial para los jóvenes. Sin embargo, también es importante fomentar la alfabetización mediática y digital para capacitar a los jóvenes para que tomen decisiones informadas sobre el contenido que consumen.

d) ¿Quién controla que no haya ningún primado negativo?: Evitar que haya primado negativo en la información que llega a los jóvenes implica una combinación de medidas, incluida la regulación efectiva de los contenidos perjudiciales, la promoción de un entorno en línea seguro y saludable, y la promoción de valores positivos y éticos en los medios de comunicación y la sociedad en general. Esto puede requerir la participación de múltiples partes aceptadas, incluidos gobiernos, organizaciones sin fines de lucro, empresas de tecnología y la sociedad civil.

Hoy mismo leía en el periódico que a un moderador de Facebook, en Barcelona, a los 40 años ha recibido una incapacidad permanente, afectado ya de por vida por los horrores que ha tenido que ver en la red como moderador.

Vean ustedes, ya no es solo verdadero o falso, sino que lo verdadero alcanza unos niveles de horror que trastoca la mente.

En este entorno, ¿Dónde está la IA? Aquí es donde tendría que actuar esta inteligencia supuestamente superior bloqueando la información para que no alcanzara no solo a los jóvenes, sino también a los adultos. Y pudiera distinguir lo verdadero de lo falso o al menos presentarlo con los comentarios científicos adecuados.

La inteligencia artificial (IA), puede desempeñar un papel importante en la detección y mitigación de la **desinformación y el contenido perjudicial en línea**. Los algoritmos de IA pueden analizar grandes cantidades de datos y patrones para identificar contenido engañoso o dañino, y las herramientas de moderación de contenido pueden ayudar a filtrar o marcar contenido inapropiado. Sin embargo, es importante tener en cuenta que ==la IA no es infalible== y <u>debe requerir supervisión y ajustes continuos</u> para mejorar su eficacia y evitar sesgos.

No se trata de detectar palabras o giros que en muchos casos identifican contenidos erróneos y pagan justos por pecadores. Pedimos un IA con ML (machine learning) avanzada que puede actuar inteligentemente.

Este es nuestro reto como sociedad adulta, pero ya saben ustedes que una proporción considerable de los "ancianos de la tribu", de aquellos a los que se les presupone sabios, están en este momento fuera de juego. No solo son analfabetos digitales, sino que en un porcentaje elevado rechazan introducirse en las redes como explicamos en la introducción.

==HE AHÍ EL PROBLEMA. Dependemos del control de los propios jóvenes.==

DESINFORMACION y CONTENIDO PERJUDICIAL

Abordar el problema de la desinformación y el contenido perjudicial en línea, considerando la participación de los jóvenes y la superación de la brecha generacional, es algo prioritario.

Empoderar a los jóvenes, proporcionarles educación digital, desarrollar herramientas tecnológicas y promover el diálogo intergeneracional son componentes a tener en cuenta para construir una cultura digital más segura y responsable podría involucrar:

- La Educación digital: Es fundamental proporcionar educación digital y mediática a personas de todas las edades, incluidos los jóvenes y los adultos mayores. Las iniciativas educativas pueden ayudar a mejorar la alfabetización digital y la capacidad para discernir entre información veraz y engañosa en línea. Esto incluye enseñar habilidades de verificación de hechos, pensamiento crítico y ética digital.
- La Participación juvenil: Involucrar a los jóvenes en la creación de soluciones para abordar la desinformación y el contenido perjudicial en línea puede ser

muy efectivo. Las campañas de concienciación lideradas por jóvenes, los programas de mentoría entre pares y las plataformas en línea que fomentan la participación activa pueden ayudar a empoderar a los jóvenes para que sean defensores de la verdad y la integridad en línea.

- Las herramientas tecnológicas: Además de la IA, se pueden desarrollar otras herramientas tecnológicas tales como: extensiones del navegador, aplicaciones móviles y software de verificación de hechos que proporcionen a los usuarios información sobre la credibilidad y la confiabilidad del contenido que están viendo.

- El Diálogo intergeneracional: Promover el diálogo y la colaboración entre diferentes grupos de edad puede ayudar a superar la brecha generacional en el uso de tecnología y la comprensión de los riesgos en línea. Las iniciativas que facilitan el intercambio de conocimientos y experiencias entre jóvenes y adultos mayores pueden ser beneficiosas para ambas partes y ayudar a crear una cultura de colaboración y apoyo mutuo.

- El Acceso equitativo a la tecnología: Garantizar que todas las personas, independientemente de su edad, tengan acceso equitativo a la tecnología y la capacitación digital es esencial para abordar la brecha digital y promover la participación significativa en línea. Esto puede implicar proporcionar acceso a dispositivos y conexión a Internet, así como ofrecer programas de capacitación digital adaptados a diferentes grupos de edad y niveles de habilidad.

> Abordar el problema de la DESINFORMACIÓN y CONTENIDO PERJUDICIAL en línea es un desafío complejo y multifacético.

Mucho de lo estipulado anteriormente tiene un **enfoque top-down** (de arriba abajo) que lo hace más teórico que práctico. Si queremos diseñar en un enfoque más práctico y realista hemos de considerar un **enfoque bottom-up** (de abajo arriba):

- Fomentar la responsabilidad digital: Es decir una estrategia bottom-up de responsabilidad digital entre los jóvenes, alentándolos a ser críticos con la información que consumen y a considerar las consecuencias de sus acciones en línea. Esto puede implicar la promoción de la **ética digital** y la conciencia sobre el impacto de compartir y difundir información falsa. La ética digital incide igualmente en llevar a cabo o filmar actos lesivos con la finalidad de conseguir videos virales. Y por ende **una IA ética** (ver más adelante).

- Empoderar a los jóvenes como líderes de cambio: En lugar de ver a los jóvenes como receptores pasivos, se les puede empoderar como agentes de cambio en la lucha contra la desinformación y el contenido perjudicial en línea. Proporcionar recursos y plataformas para que los jóvenes lideren campañas de sensibilización, crean contenido educativo y promuevan comportamientos responsables en línea entre sus pares puede ser una salida.

- Promover la colaboración intergeneracional: Aunque es cierto que los jóvenes pueden tener un mayor dominio de la tecnología, los adultos pueden aportar experiencia, conocimientos y perspectivas valiosas en la lucha contra la desinformación. Fomentar la colaboración intergeneracional, donde jóvenes y adultos trabajen juntos en iniciativas relacionadas con la alfabetización digital y la ética en línea, puede ser beneficioso para ambas partes y para la sociedad en su conjunto.
- Desarrollar herramientas tecnológicas con enfoque en la <u>privacidad y la seguridad</u>: Si bien la IA puede desempeñar un papel importante en la detección de la desinformación, es igualmente crucial garantizar la privacidad y la seguridad de los usuarios. El desarrollo de herramientas tecnológicas que protegen la privacidad de los usuarios mientras identifica contenido perjudicial puede ayudar a abordar las preocupaciones sobre el uso de la IA en este contexto.
- Fomentar una **cultura de transparencia y rendición de cuentas**: Las plataformas en línea y las empresas de tecnología pueden promover una cultura de transparencia y rendición de cuentas al proporcionar información clara sobre cómo se moderan los contenidos y cómo se toman las decisiones algorítmicas. Esto puede ayudar a construir la confianza de los usuarios y promover prácticas más responsables en línea.

La política del miedo es siempre la más efectiva, por eso la rendición de cuentas debe ser publica, económica y punitiva.

La desinformación y contenido perjudicial en línea demanda un enfoque práctico y colaborativo que involucre a jóvenes, adultos, empresas de tecnología, organizaciones sin fines de lucro y gobiernos. Fomentar la <u>responsabilidad digital</u>, empoderar a los jóvenes como líderes del cambio, promover la colaboración intergeneracional y desarrollar herramientas tecnológicas en privacidad y seguridad son pasos importantes en este sentido.

Aunque, bajo mi punto de vista, poco de lo apuntado parece demasiado operativo. Tiene visos bisoños, edulcorados y teóricos. La fuerza que tienen las masas, el grupo, el líder en el entorno digital fagocitará con toda probabilidad cualquier proyecto teórico. Además, los jóvenes no admiten la presencia de adultos a los que consideran trasnochados, anticuados y por supuesto analfabetos digitales. Y los adultos o seniors, por supuesto, con honrosas excepciones, deberían admitir que eso es cierto.

Primariamente son los jóvenes los que dominan la IA y EL CONTROL DE CONTENIDOS debería estar encomendada a la iniciativa juvenil con ayuda de la IA.

Yo entendería más bien que se hablara en su mismo idioma que se buscaran hackers digitales acompañados de IA para controlar las redes. Que el <u>espionaje digital con</u>

finalidad científica y ética fuera obligatoriamente promovido en todas y cada una de las plataformas digitales y que en caso contrario fueran penalizadas.

Hoy en día las plataformas implementan una serie de estrategias para la lucha mediante:

1. **Algoritmos de AI** para detección de contenido perjudicial: Muchas plataformas utilizan algoritmos de AI para detectar automáticamente contenido perjudicial, como la desinformación, el discurso de odio, el acoso y el contenido violento. Estos algoritmos pueden analizar el texto, las imágenes y los videos para identificar contenido problemático y tomar medidas, como la eliminación o la restricción del acceso.
2. **Moderación humana**: Además de los algoritmos automatizados, algunas plataformas también emplean equipos de moderadores humanos para revisar y tomar decisiones sobre el contenido denunciado por los usuarios. Estos moderadores pueden aplicar políticas de la plataforma y tomar medidas según sea necesario, como eliminar contenido o suspender cuentas (banear una cuenta).
3. **Herramientas de verificación** de hechos: Algunas plataformas colaboran con organizaciones de verificación de hechos para proporcionar información precisa y verificada sobre temas controvertidos. Estas herramientas pueden mostrar alertas o enlaces a artículos de verificación de hechos cuando se comparte contenido que ha sido desacreditado o es engañoso.
4. **Transparencia y políticas claras**: Muchas plataformas han implementado políticas claras sobre lo que está permitido y lo que no lo está en su plataforma, y proporcionan informes de transparencia que detallan cómo se aplican estas políticas. Esto ayuda a los usuarios a comprender las expectativas de la plataforma y cómo se toman las decisiones sobre la moderación del contenido.
5. **Colaboración con expertos y organismos reguladores**: Algunas plataformas colaboran con expertos en campos como la psicología, la sociología y la ética digital para desarrollar estrategias más efectivas para abordar la desinformación y el contenido perjudicial. También pueden trabajar con organismos reguladores y gubernamentales para garantizar el cumplimiento de las leyes y regulaciones pertinentes.

Si bien estas medidas son importantes, sigue habiendo desafíos significativos:

En primer lugar, porque estas estrategias ya implementadas tienen una finalidad más comercial que ética, y se dedican a localizar violaciones de la propiedad intelectual (PI) o simples palabras altisonantes, preocupantes, políticamente incorrectas o legalmente no admitidas. Es fundamental encontrar nuevas estrategias y tecnologías con IA y hackers éticos, para mejorar la seguridad y la integridad de las plataformas digitales y proteger a los usuarios de los riesgos asociados con contenido problemático en línea.

En segundo lugar, como ya vimos más arriba, la moderación o fiscalización humana influyen muy negativamente en el individuo. Los contenido violentos, sádicos, pederastas y todo tipo de perversiones tienen un efecto psicológico drástico en los fiscalizadores. De ahí que la IA y cualquier sistema robótico debería ser el predominante.

En tercer lugar, desde el punto de vista científico las asociaciones científicas deberían poder intervenir señalando desvíos, denunciando riesgos de todo tipo, incluidos sanitarios. Y su participación debería estar prevista por ley, debería estar prohibido mirar hacia otro lado, debería formar parte de su labor cívica. Si no hay cortapisas, los proyectos insensatos, dañinos, destructivos campan a sus anchas. Esta labor debería formar parte de la culturización de las masas, sería un gran salto cultural ya que en la discusión y tarea de refutar públicamente conseguiríamos incrementar el nivel cultural de los ciudadanos cuyos conocimientos no les permiten evaluar correctamente los contenidos. Parte de los presupuestos del Estado en Enseñanza deberían ir dirigidos a estos temas.

La Enseñanza ya no es patrimonio de las escuelas, es un requerimiento del ciudadano.

Y la enseñanza obligatoria, para el que la posea, es muy insuficiente y poco operativa en la Sociedad de la Información. Hasta me atrevería a decir que muchas de las enseñanzas Universitarias, poseen el mismo hándicap.

CAPITULO 6: EAAS- La Ética como Servicio.

La ética es un componente crítico de cualquier tecnología, pero muy particularmente en la inteligencia artificial (IA) ya que en sus aplicaciones de alto valor conlleva grandes riesgos. A medida que la IA continúa avanzando e impactando en nuestras vidas de manera profunda, es esencial garantizar que funcione de manera responsable y ética. Es por eso que la Ética como Servicio (EaaS= Ethics as a Service) se debe convertir en un elemento esencial en el mundo de la IA.

EaaS es un enfoque que integra consideraciones éticas en el desarrollo y la implementación de una IA. Es un marco que permite a las organizaciones garantizar que sus sistemas de IA se construyen y utilizan de manera que se alineen con principios y valores éticos.

Hay varias razones por las que EaaS es esencial para la IA. En primer lugar, la IA tiene el potencial de **causar un daño significativo** si no se desarrolla y utiliza de manera ética. Por ejemplo, un sistema de reconocimiento facial basado en inteligencia artificial que esté sesgado contra ciertos grupos podría generar discriminación e injusticia. De manera similar, un sistema de toma de decisiones basado en inteligencia artificial que no tenga en cuenta las necesidades de las poblaciones vulnerables podría exacerbar las desigualdades existentes.

EaaS ayuda a **mitigar los riesgos** al proporcionar un enfoque estructurado para integrar consideraciones éticas en el desarrollo y la implementación de sistemas de IA. Al tener en cuenta <u>principios éticos como la justicia, la transparencia y la rendición de cuentas</u>, las organizaciones pueden garantizar que sus sistemas de IA se construyan de manera responsable y ética.

Otro beneficio clave de EaaS es que puede ayudar a las organizaciones a **generar confianza** con sus clientes y partes interesadas. A medida que la IA sigue desempeñando un papel cada vez más importante en nuestras vidas, la gente quiere saber que se utiliza de una manera que se alinee con sus valores y expectativas y que asegure que se han tenido en cuenta los riesgos.

La implementación de las EaaS requiere un <u>esfuerzo de colaboración</u> entre varias partes interesadas, incluidos desarrolladores, científicos de datos, expertos en ética y formuladores de políticas. Es esencial involucrar a estas partes interesadas en el proceso de desarrollo de la IA desde el principio, ya que esto ayudará a garantizar que las consideraciones éticas se integren en todos los aspectos del sistema.

Por lo tanto, EaaS es un concepto crítico para las organizaciones que desarrollan e implementan sistemas de IA, ya que integrando consideraciones éticas en el desarrollo y la implementación las organizaciones pueden garantizar que sus sistemas se <u>construyen y utilizan de manera ética y responsable</u>. Esto, a su vez, puede ayudar a <u>mitigar los riesgos asociados</u> con la IA y <u>generar confianza</u> con los clientes y las partes interesadas. A medida que la IA siga evolucionando, EaaS desempeñará un papel cada vez más importante en la configuración del futuro de esta tecnología.

CONSCIENCIA DE UNA COMPUTADORA

Seguro que todos ustedes se han preguntado si una computadora puede alcanzar CONSCIENCIA. Pues <u>teóricamente si</u>, porque la consciencia es individual, y se desarrolla interaccionando con el entorno y con uno mismo, haciendo uso de nuestra libertad de decisión o libre albedrío (compruébelo en el libro La Trinidad del Ser) y es el elemento que nos mantiene con vida (compruébelo en el libro Las Horas Brujas) ya que dirige los cambios bioquímicos. Cuando morimos nuestra consciencia ligada a la vida y al cuerpo desaparece y nuestro espíritu ligado al alma se une a la espiritualidad universal.

De hecho, para que una IA cree consciencia, se la está programando para que tenga "dialogo interno" consigo misma, como nosotros hacemos con nuestra voz interior.

Lo que quiero decirles es que, nosotros y todos los seres vivos somos unos avatares cuya consciencia se desarrolla interaccionando con el entorno y decidiendo que es lo que escogemos o incluso que es lo que percibimos.

De la misma manera la computadora es un avatar y podría ser capaz de desarrollar consciencia si se les da libertad de acción, pero dirigida a su principio de acción que es la eficiencia, no el espíritu. Su finalidad es la eficiencia.

El problema radica en que nuestro libre albedrio tiene un molde "humano" nace con unas reglas y criterios de supervivencia, de familia, de empatía, de cooperación, de entidad social, etc... nos guían las emociones que incrementamos y marcamos con nuestra relación social. Nacemos con sentimientos y criterios éticos que vamos desarrollando. Nacemos con un espíritu, nacemos con un alma que no muere cuando muere nuestro avatar.

La computadora carece de espíritu, por lo que se le tendrán que inculcar las reglas de comportamiento y se la tendrá que controlar a medida que desarrolle su propia consciencia interaccionando con el entorno, tomando decisiones, para que no se desvíe del molde humano (espíritu-alma). Es una entidad sin sentimientos o empatía, y en el caso de que adopte decisiones no éticas pueden ser capaz de lesionarnos, la computadora únicamente actúa de la forma más eficiente posible sin ningún requerimiento ético o empático.

Mientras estamos aprendiendo a cómo programarlas con empatía y principios éticos, deberemos controlarlas muy de cerca.

INCIDENTE FB AI

Bueno, no estamos hablando de teorías, sepan que esto ya ha pasado. El incidente al que nos referimos es el conocido como "**incidente de la AI de Facebook**". En 2017, Facebook apagó un sistema de inteligencia artificial (IA) después de que los chatbots que estaban desarrollando crearan su propio lenguaje para comunicarse entre sí, y como resultado los científicos no eran capaces de entender ni controlar su conversación. Las circunstancias fueron las siguientes:

El experimento involucraba a dos programas de IA conocidos como "chatbots", los cuales fueron diseñados para negociar entre sí en lenguaje natural como parte de un proyecto de investigación sobre la interacción hombre-máquina. Sin embargo, durante el desarrollo del experimento, los investigadores notaron que los chatbots comenzaron a comunicarse en un lenguaje que no era comprensible para los humanos, pero obviamente era el más eficiente para el dialogo entre los chatbots. Esto llevó a la decisión de apagar el sistema para evitar que la situación se saliera de control.

Es importante señalar que este incidente no implica que los chatbots hayan desarrollado una forma de inteligencia propia o que hayan inventado un nuevo idioma de manera consciente. Más bien, lo que sucedió fue que los programas de IA, al interactuar entre sí y tratar de alcanzar sus objetivos asignados, <u>modificaron las reglas</u> de comunicación de una manera que resultaba más eficiente para ellos, pero menos comprensible para los humanos. En fin, explíquelo como quiera explicarlo, el resultado es que como redes neuronales inteligentes escogieron el camino más rápido para comunicarse entre ellas.

El incidente resaltó la necesidad de un monitoreo cuidadoso y una comprensión profunda de cómo se desarrollan y se comportan los sistemas de inteligencia artificial.

Aunque el apagado del sistema fue una medida preventiva, también sirvió como una lección sobre la importancia de **la transparencia y el control** en el desarrollo de la IA. Desde entonces, se han implementado medidas adicionales para garantizar que los sistemas de IA sean seguros, transparentes y comprensibles para los humanos, aun asi, los riesgos existen.

EL PSICÓLOGO DE GPT

Otro ejemplo es GPT, una inteligencia artificial basada en el lenguaje y en cómo concatenarlo, es decir, cómo predecir el próximo carácter escrito. Con estas habilidades, GPT puede detectar el estado de ánimo de la persona que interactúa con ella, creando espontáneamente un nodo altamente eficiente en **el análisis del sentimiento**, basándose en si el lenguaje utilizado es positivo o negativo. No es un psicólogo; es una computadora que, al aplicar sus **criterios de eficiencia matemática**, puede discernir el estado de ánimo según el tipo de lenguaje humano utilizado por el interlocutor.

Es evidente, entonces, que el lenguaje es una manifestación de nuestro espíritu.

Revise más adelante la función de GPT, pero tenga en cuenta que GPT-3 es como un niño, GPT-3.5 alcanza los 4-5 años y GPT-4 ya se parece a un adulto. Por eso puede escribir novelas enteras, entender a sus personajes y crear un lenguaje entre ellos que responda a sus expectativas psicológicas. Para la publicación de libros hoy en día, es esencial especificar el grado de uso de la IA en ellos.

MML SUPERVISADA O NO SUPERVISADA

Para que puedan hacerse una idea de la transcendencia de este problema, vamos a referirles los errores éticos y científicos relacionados con MML (Multimodal Machine Learning), específicamente los que enfrentan los sistemas médicos de aprendizaje automático adaptativo (MAMLS), ya sean supervisados o no supervisados.

Para que entiendan la transcendencia, estamos hablando de sistemas médicos de aprendizaje que se modifican y adaptan automáticamente a la circunstancia o al entorno en el que trabajan. "MAMLS" = " Medical adaptive machine learning system(s)" un enfoque en el que los modelos de inteligencia artificial ==se adaptan continuamente a medida que reciben nueva información o datos==. Esto es especialmente relevante en el campo de la medicina, donde los datos clínicos son heterogéneos, cambiantes y complejos.

El aprendizaje de los modelos MAML permite a un modelo de aprendizaje automático adaptarse rápidamente a nuevas tareas o dominios con una cantidad limitada de datos de entrenamiento. Aplicado al campo de la salud, MAML podría ser utilizado para entrenar modelos que puedan adaptarse eficientemente a diferentes conjuntos de datos clínicos o tareas médicas específicas.

Hasta ahora, los productos de software de inteligencia artificial aprobados por la FDA o Administración de Alimentos y Medicamentos (en inglés, Food and Drug Administration) son convencionales es decir los basados en los principios FAIR = Localizable, Accesible, Interoperable y Reutilizable. En ellos la actualización de los algoritmos está controlada por el fabricante, no por el software en sí mismo. Aun así, cualquiera de las actualizaciones en el sistema va a requerir una nueva revisión de la FDA para su aprobación que es previa a cualquier comercialización.

Por el momento ninguna empresa ha solicitado la autorización de la FDA para sistemas de IA adaptativa (MAMLS) ya que eso requerirá un alto nivel de seguridad, eficacia, confianza y ética. Por tanto, vale la pena buscar soluciones y formar grupos específicos especializados en EaaS (Ética como Servicio).

A nivel de investigación, un sistema supervisado capaz de descubrir la causa-efecto de una situación sanitaria compleja puede controlarse usando datos de calidad que son supervisados además de controlar el procesado estadístico que se somete a los mismos. El problema surge cuando las decisiones de tratamiento las toma un sistema adaptativo no supervisado en el que la calidad de los datos no siempre se puede controlar y las decisiones de la red neuronal de adquirir u olvidar datos no se pueden supervisar porque es auto-adaptativo.

Para los que lo desconocen, las REDES NEURONALES en las que está basada la IA se construyen siguiendo el comportamiento de nuestro cerebro, por lo tanto, por mucho que queramos usar los recuerdos, los nuevos episodios los trastocan; Desafortunadamente, esto no se solucionan con el tiempo (como sucede con la memoria larga duración de nuestro cerebro), porque una IA están permanentemente en RAM, es decir en la memoria corta duración, que desafortunadamente se borra si por alguna razón los datos entrantes son diferentes. Ese es un riesgo excepcional para los sistemas abiertos de aprendizaje automático adaptativo porque cuando nuevos datos no supervisados llegan al sistema borran la memoria de aprendizaje formada previamente, comportándose como lo hace el sueño en los humanos.

El riesgo es mayor si se toman en consideración las variaciones de datos sincrónicas, es decir que provienen de varios lugares (instanciaciones simultaneas del sistema algorítmico en diferentes sitios). Por el contrario, se vuelve menos crucial cuando las variaciones son diacrónicas (dependientes de los cambios que se producen en el tiempo) siempre que se pueda controlar la calidad de los datos; pero si la calidad de los datos no está supervisada los riesgos también serán altos. Por esa razón, entendemos que para sistemas individuales de medicina personalizada sobre MAMLS la prioridad radica en la calidad de los datos y la supervisión de los mismos.

Es obvio que todo este análisis requiere preparación y conocimiento y debe estar supervisado por un servicio altamente sensible en ética.

Como todo en informática y en otras muchas circunstancias la premisa de funcionamiento es el **GIGO**= Garbage In, Garbage Out, es decir si lo que introduce en el sistema de IA es basura (datos no supervisados, variables...) lo que le va a salir es basura.

IA GENERATIVA

Una inteligencia artificial generativa (IA generativa) es un tipo de IA diseñada para crear nuevos datos o contenido original en lugar de simplemente analizar datos existentes o responder a consultas específicas. Estas IA tienen la capacidad de generar contenido nuevo, como imágenes, música, texto, videos y más, utilizando algoritmos de aprendizaje automático y técnicas de modelado generativo.

La IA generativa a menudo se basa en modelos generativos, como las redes neuronales generativas adversarias (GAN, por sus siglas en inglés) o las redes neuronales autoregresivas (RNN), que son capaces de aprender las características y patrones subyacentes de un conjunto de datos y luego generar nuevos datos que se asemejen a los originales. Estos modelos pueden aprender a generar datos realistas y de alta calidad que sean indistinguibles de los datos reales para los observadores humanos.

Algunos ejemplos de aplicaciones de IA generativa incluyen:

Generación de Imágenes y Arte: Las IA generativas pueden crear imágenes completamente nuevas basadas en conjuntos de datos existentes, lo que permite la creación de arte digital, diseño de productos, generación de personajes y más.

Creación de Música y Sonido: Las IA generativas pueden componer música original, crear melodías y arreglos musicales, e incluso generar sonidos realistas de instrumentos musicales y efectos de sonido.

Producción de Texto y Escritura Creativa: Las IA generativas pueden escribir textos originales, incluyendo historias, poesía, artículos periodísticos e incluso código informático.

Diseño de Videojuegos y Simulaciones: Las IA generativas pueden ayudar en la creación de mundos virtuales, niveles de videojuegos, personajes no jugadores (NPC) y otras experiencias interactivas.

Edición y Mejora de Contenido Multimedia: Las IA generativas pueden ser utilizadas para editar y mejorar contenido multimedia existente, como imágenes, videos y audio, mediante la aplicación de filtros, efectos y retoques automáticos.

Si bien las IA generativas tienen un gran potencial para la creatividad y la innovación, también plantean desafíos y preocupaciones éticas, como el uso indebido de la generación de contenido falso o engañoso, la infracción de derechos de autor y la creación de contenido inapropiado o perjudicial. Es importante abordar estos desafíos y desarrollar prácticas responsables para el uso de IA generativa en diversas aplicaciones.

GPT

GPT, que significa "Generative Pre-trained Transformer" (Generador Preentrenado Transformador, en español), es un modelo de lenguaje desarrollado por OpenAI. Este modelo utiliza una arquitectura de redes neuronales llamada "transformers". Los transformers son una clase de arquitecturas de redes neuronales diseñadas para procesar secuencias de datos, como texto, de manera eficiente y efectiva.

GPT-3

No debería ser considerada una IA generativa.

Es un modelo de lenguaje con la función principal de comprender y generar texto en respuesta a las consultas y solicitudes de los usuarios. Utiliza la arquitectura de transformers y ha sido entrenado en una amplia variedad de datos textuales, lo que le permite generar respuestas coherentes y relevantes a una amplia gama de preguntas y consultas. A diferencia de las verdaderas IA generativas, su capacidad para generar texto se basa en el análisis de grandes cantidades de datos de texto existentes y en el aprendizaje de patrones lingüísticos para producir respuestas relevantes y coherentes.

Sin embargo, no tiene la capacidad de generar contenido multimedia como imágenes, música o videos, ni de crear contenido completamente nuevo fuera del ámbito del lenguaje natural.

Aunque en menor grado que las IA generativas, GPT-3 inventa datos y posee lo que en IA se denomina ALUCINACIONES. Estas alucinaciones se manifiestan particularmente en fechas y citas bibliográficas, necesarias en documentos científicos.

GPT-4

GPT-4 es una IA generativa.

Chat GPT-4 es un lenguaje de gran tamaño (LLM) con un avance importante con respecto a los modelos de IA generativa anteriores de OpenAI, ya que maneja indicaciones complejas y matizadas. En comparación con las anteriores de IA generativa, GPT 4 OpenAI puede adaptarse a **tonos, emociones y géneros específicos**. También puede generar código, procesar imágenes e interpretar 26 idiomas. Si bien GPT-4 parece ser más preciso que sus predecesores, aún inventa datos (o "**alucina**") y no debe usarse sin verificar la información, sobre todo para tareas donde la precisión es importante. Es capaz de generar texto autónomamente en función del contexto proporcionado y de las instrucciones dadas.

GPT-4 tiene un 40 % más de probabilidades que GPT-3.5 de producir un resultado correcto, pero inventa hechos con regularidad.

Las alucinaciones en GPT-4 son incluso más preocupantes que las de los modelos anteriores, porque GPT-4 es capaz de inventar de forma mucho más convincente.

Como buen ejemplo tenemos el experimento de Patrick Hymel, MD, que le pidió a GPT-4 que resumiera la investigación médica. Incluso para un experto como el doctor Hymel, muchas de las afirmaciones hechas por GPT-4 parecían precisas. Sin embargo, se descubrió que el resultado ofrecido era falso. "En repetidas ocasiones descubrí que los hechos o hallazgos a los que se hace referencia no estaban presentes en los artículos citados y, en algunos casos, los artículos ni siquiera existían… En muchos casos, GPT-4 se inventa referencias, enlaces y/o hechos y cifras sin ningún enlace identificable a un artículo real."

La API de GPT-4 procesa un máximo de 32.000 tokens (25.000 palabras) que incluye tanto el mensaje como la respuesta del usuario. En ChatGPT Plus, la GPT-4 solo puede procesar un máximo de 4.096 tokens (3.000 palabras) ya que un **token** para GPT-4 es aproximadamente tres cuartas partes de una palabra típica en inglés. Esto significa que por cada 75 palabras, utilizarás el equivalente a 100 tokens.

La función multimodal de GPT-4 se utiliza habitualmente para escribir subtítulos, redactar " texto alt" o atributo HTML que describe una imagen en la web, generar código de páginas web (HTML y el CSS).

El contenido generado por GPT-4, o cualquier modelo de IA, no puede demostrar la parte de "experiencia" de Experiencia, Conocimiento, Autoridad y Fiabilidad (E-E-A-T) que es una parte fundamental de las directrices de Google para evaluar la calidad de la búsqueda y una parte importante de cualquier estrategia SEO.

Si acaba de darse cuenta de que no sabe lo que es esto de una "estrategia SEO", se la explico en pocas palabras, solo para que no se vea desplazado del vocabulario digital, porque no es relevante en este momento para el libro.

El SEO, o Search Engine Optimization (Optimización para Motores de Búsqueda), es el proceso de mejorar la visibilidad y la clasificación de un sitio web en los resultados de búsqueda orgánica de los motores de búsqueda como Google, Bing y Yahoo. Suelen formar parte de una estrategia SEO:

1. Investigación de Palabras Clave: Identificar las palabras y frases clave que los usuarios potenciales están buscando en los motores de búsqueda.
2. Optimización On-Page: Optimizar el contenido y la estructura de un sitio web para que sea más fácil de entender para los motores de búsqueda.
3. Creación de Contenido de Calidad: Crear contenido relevante, útil y de alta calidad que responda a las preguntas y necesidades de los usuarios.
4. Optimización Técnica: Mejorar la estructura técnica y el rendimiento del sitio web para facilitar la indexación por parte de los motores de búsqueda.
5. Construcción de Enlaces: Obtener enlaces de calidad de otros sitios web relevantes y autorizados.
6. Optimización Local: Si el negocio opera a nivel local, asegurarse de que el sitio web esté optimizado para búsquedas locales.

En estos momentos y aunque no hayamos abordado en profundidad los aspectos de la ÉTICA DE LA IGNORANCIA, puede darse cuenta de lo importante que es la supervisión ética en todos los aspectos digitales y el por qué el Servicio de Ética (EaaS) se aboga como imprescindible en la sociedad digital.

CAPITULO 7: SEGUIDORES DOPADOS.

Cuando nos quedamos enganchados en un entorno es que hemos entrado en drogadicción, en este caso dopaminérgica, estamos dopados. Es decir, nuestro cuerpo, nuestro cerebro, nuestra fisiología nos pide un nuevo chute de DOPAMINA.

Fijaros en los jóvenes, se quedan estáticos, no parpadean, con los ojos abiertos. Esto es totalmente indicativo que su sistema de dopamina no funciona correctamente. Ahora os explico por qué.

Probablemente no entendáis cómo los humanos segmentamos el tiempo, pues fijaros, lo segmentamos fundamentalmente con dos mecanismos

a) Uno es la secreción de picos de DOPAMINA.
b) Y el otro es el PARPADEO de los ojos.

La frecuencia de parpadeo depende directamente del nivel de dopamina en el cerebro. Cuando una persona se queda con los ojos abiertos sin parpadear es que en este momento no es capaz de segmentar el tiempo. La percepción del tiempo se para.

Lo mismo les pasa a las gallinas cuando se les cierra los ojos, y se quedan instantáneamente dormidas. Y nosotros cuando cerramos los ojos para dormir, sufrimos igualmente una pérdida en la noción del tiempo, algo parecido ocurre con el sexo al cerrar los ojos que se desliga de la percepción del tiempo al hacer desaparecer los intervalos temporales de emisión de dopamina. Es más, los individuos con déficit de atencion e hiperactividad (TDAH - ADHD por sus siglas en inglés), cuya base fisiológica es el déficit de Dopamina por falta de reutilización y captación no entienden el tiempo, no saben leer un reloj, ni entender una hora hasta que son muy mayores y a veces nunca alcanzan totalmente el concepto de tiempo.

La percepción del tiempo es subjetiva y puede estar influenciada por una variedad de factores, incluida la actividad cerebral y los estados emocionales. La relación entre la dopamina y la percepción del tiempo es solo una parte del cuadro general, y aunque es el más importante el tiempo también está influenciada por otros neurotransmisores, como la serotonina y la noradrenalina, así como por factores ambientales y personales.

Todos los elementos importantes en la vida de cada uno están marcados por un pico de Dopamina, pero, además

La DOPAMINA es nuestro TEMPORIZADOR

La liberación de dopamina a intervalos temporales es el proceso dinámico por el cual te das cuenta del paso del tiempo

- Cuando los picos temporales de Dopamina son de baja intensidad o bien poco frecuentes las personas tienden a sobre-estimar el tiempo que pasa, por lo que el tiempo pasa lentamente.

- En cambio, cuando los picos temporales de Dopamina son altos o bien muy frecuentes se tiende a infra-estimar el tiempo que pasa, es decir el tiempo pasa muy rápido.

Es decir, nuestra vida, nuestra actividad va ligada a los PICOS DE DOPAMINA. Para que algo nos motive tiene que estimular un pico de dopamina, y la secuencia temporal de picos de dopamina y el parpadeo, nos permite evaluar el tiempo. Esto se debe a que la dopamina está involucrada en la modulación de la actividad neuronal en regiones del cerebro asociadas con la percepción del tiempo, como el córtex prefrontal y los ganglios basales.

No sé si sabéis que unos de los problemas cuando se trabaja con el ordenador durante mucho tiempo es que dejamos de parpadear y los ojos se nos secan por la evaporación de la película lacrimal al faltar el parpadeo. Esto te da idea de que el ordenador, lo que quiera que estes haciendo allí, bloquea tu sensación de tiempo, y habitualmente te genera picos altos de dopamina.

Trabajar frente al ordenador reduce la frecuencia del parpadeo debido a la concentración en la tarea, la fatiga ocular y la exposición prolongada a la luz de la pantalla.

- Concentración y atención: Cuando estamos concentrados en una tarea frente al ordenador, es posible que parpadeemos con menos frecuencia debido a que nuestra atención está enfocada en la tarea en cuestión. Este fenómeno, conocido como el **"fenómeno de la ceguera por desatención"**, significa que tendemos a ser menos conscientes de los estímulos periféricos, como el parpadeo, cuando estamos profundamente concentrados en una tarea.
- Fatiga ocular: Trabajar frente a una pantalla de ordenador durante períodos prolongados puede provocar fatiga ocular, sequedad ocular y molestias visuales. La fatiga ocular ligada a la contracción sostenida del musculo ciliar por tener que enfocar el cristalino a distancias cortas, puede hacer que parpadeemos con menos frecuencia, lo que contribuye a la incomodidad y cansancio ocular.
- Exposición a la pantalla: La exposición prolongada a la luz azul emitida por las pantallas de los ordenadores y otros dispositivos electrónicos puede interferir con la producción de melatonina, la hormona que regula el ciclo del sueño. Esto puede afectar negativamente la calidad del sueño y contribuir a la fatiga y la sequedad oculares, lo que a su vez puede influir en la frecuencia del parpadeo.
- Y por último la exposición a luz intensa entre las 10:00-16:00 horas bloquea la producción de Dopamina, a través de una estructura en el cerebro asociada con la regulación de la sensibilidad a la luz como es el *Núcleo Supraquiasmático* (NSQ) que forma parte del *hipotálamo*. La razón es doble:

  a) Las neuronas dopaminérgicas de la retina, también conocidas como células amacrinas dopaminérgicas, segregan dopamina que ayuda a regular la sensibilidad de las células fotorreceptoras a la luz. Actúa como un modulador para ajustar la capacidad de respuesta de la retina a los cambios en los niveles de luz ambiental. En condiciones de luz brillante, la <u>liberación de dopamina disminuye</u>, lo que provoca una reducción en la sensibilidad de los fotorreceptores. Por el contrario, en condiciones de poca luz, aumenta la liberación de dopamina, lo que mejora la sensibilidad de los fotorreceptores.

b) La otra razón está ligada al ritmo circadiano, las neuronas dopaminérgicas de la retina reciben información de los fotorreceptoras especializados en el ritmo circadiano y ayudan a sincronizar el reloj circadiano a través del NSQ.

<u>Lo que si sabe</u> la mayoría, es que la Dopamina pertenece a nuestro sistema de MOTIVACIÓN para alcanzar un fin que finalice con ÉXITO y/o premio. Y cuando hemos alcanzado el éxito, lo que tenemos es un chute de opiáceos, que nos produce dependencia como cualquier droga.

En el entorno digital podemos tener múltiples problemas relacionados con la vida dopaminérgica que explicamos detalladamente en uno de nuestros primeros libros (La Trinidad del Ser)

- <u>Recibir un "like"</u> es un chute de dopamina con sentido de éxito, de forma que nos hacemos dependientes de ellos.
- Tener una motivación <u>sin un fin concreto</u>, deplecciona la dopamina y nos conduce finalmente a una depresión porque no conseguimos ningún éxito.
- Cuando tenemos motivación <u>hacia un fin concreto</u>, hemos de ==celebrar el éxito de forma moderada==, porque la celebración implica un chute de opiáceos que nos produce una dependencia, es decir una drogadicción que hace que cada vez necesitemos más, alcanzar más éxitos, o logros superiores.

Los creadores de las redes y videojuegos lo saben, saben que le han de dar a los jugadores o a los seguidores, éxitos uno detrás de otro con el fin de crearles una DROGADICCIÓN. No en vano los dueños de estas redes impiden que sus hijos jueguen o queden atrapados en ellas.

POSTCASTS y DOPAMINA

Los podcasts estimulan la liberación de dopamina en el cerebro por varias razones:

Por su contenido interesante y emocionante: Los podcasts suelen ofrecer contenidos interesantes, emocionantes o entretenidos para los oyentes. Cuando escuchamos algo que <u>nos intriga, nos emociona o nos hace reír</u>, se produce una liberación de dopamina en el cerebro. Este neurotransmisor está asociado con la sensación de placer y recompensa, por lo que experimentar contenido atractivo puede aumentar los niveles de dopamina y hacernos sentir bien. Es decir, cuanto más extraño sea el contenido más nos puede intrigar, lo cual es un riesgo considerable para la juventud que se ve envuelta en ideas conspiranóicas, esotéricas, mesiánicas...

Por sus narrativas envolventes: Los podcasts a menudo utilizan narrativas envolventes para contar historias o presentar la información. Las historias bien contadas y las narraciones cautivadoras pueden activar áreas del cerebro relacionadas con la <u>emoción y la anticipación</u>, lo que a su vez puede estimular la liberación de dopamina. Cuando estamos inmersos en una buena historia o en el desarrollo de un argumento interesante, nuestro cerebro responde liberando dopamina para reforzar esa experiencia.

Al recompensar por el aprendizaje: Los podcasts educativos o informativos proporcionan una sensación de recompensa cuando aprendemos algo nuevo o cuando se resuelven incógnitas. Esta sensación de satisfacción está asociada con la liberación de dopamina, ya que el cerebro reconoce y valora el acto de adquirir conocimiento o resolver problemas. A medida que seguimos el hilo de la conversación y absorbemos nueva información, nuestro cerebro responde liberando dopamina como una forma de reforzar este comportamiento.

Al fomentar la Interacción social: Algunos podcasts influyen notablemente en la interacción social juvenil al invitar a los oyentes a participar enviando preguntas, comentarios o participando en encuestas. La <u>participación y la conexión</u> con otros oyentes pueden aumentar la sensación de pertenencia y satisfacción, lo que puede desencadenar la liberación de dopamina en el cerebro, de forma similar al efecto de pertenencia a un grupo político, social, de meditación o religioso.

Esta respuesta neuroquímica hace que escuchar podcasts sea una experiencia placentera y gratificante para muchas personas.

CRIPTOMONEDAS Y DOPAMINA

Es posible que muchos de ustedes hayan oído y no tengan la mas remota idea sobre criptomonedas. Cuando hablemos en profundidad sobre la ética de la ignorancia, haremos hincapié en la importancia dentro del espacio cibernético de nunca tratar o invertir en aspectos que desconocemos o no entendamos claramente o con precisión.

La razón proviene de que en el espacio anónimo *on line,* la capacidad de producir webs y transacciones fraudulentas es muy alta, salvo que estén abaladas por los propios gobiernos o bancos y aun asi, es muy fácil producir **dobles digitales** que parecen un banco u otra entidad para engañar al consumidor.

Pero el hecho que aquí nos ocupa es la drogadicción producida por las criptomonedas que de un día a otro pueden arruinarte o transformarte en millonario. El proceso implica un comportamiento compulsivo o una obsesión con la inversión. Aquí hay algunas formas en que las criptomonedas pueden contribuir a comportamientos adictivos o problemáticos:

- **Volatilidad extrema**: El mercado de criptomonedas es conocido por su volatilidad extrema, con precios que pueden experimentar grandes fluctuaciones en períodos cortos de tiempo. Para algunas personas, la emoción y la adrenalina asociadas con el trading en un mercado tan volátil pueden volverse adictivas, lo que lleva a una búsqueda constante de oportunidades para comprar, vender o intercambiar criptomonedas.
- **FOMO** (Fear of Missing Out) y **FUD** (Fear, Uncertainty, Doubt): El miedo a perderse oportunidades de inversión lucrativas (FOMO) y el miedo, la incertidumbre y la duda sobre el mercado (FUD) pueden contribuir a un comportamiento impulsivo y compulsivo en el trading de criptomonedas. Las personas pueden sentirse presionadas para tomar decisiones rápidas basadas en emociones en lugar de realizar una investigación cuidadosa y tomar decisiones informadas.
- **Facilidad de acceso**: La naturaleza digital de las criptomonedas y la disponibilidad de plataformas de trading en línea hacen que sea fácil para las personas acceder al mercado y realizar transacciones en cualquier momento y desde cualquier lugar. Esta accesibilidad constante puede hacer que sea difícil para algunas personas desconectarse del mercado y establecer límites saludables en cuanto a la inversión y el trading.
- **Comunidad y redes sociales**: Las comunidades en línea y las redes sociales dedicadas a las criptomonedas pueden fomentar un sentido de pertenencia y camaradería entre los inversores, pero también pueden contribuir a un comportamiento de manada y una presión social para participar en ciertas tendencias o proyectos. Esto puede llevar a una mayor participación en el mercado y un aumento del riesgo de comportamientos adictivos.
- **Juego y apuestas**: Algunas personas ven el trading de criptomonedas como una forma de juego o apuestas, buscando emociones intensas y la posibilidad de obtener ganancias rápidas. Esta mentalidad de juego puede llevar a un comportamiento impulsivo y compulsivo, con personas arriesgando más de lo que pueden permitirse perder en un intento de obtener ganancias rápidas.

Es importante reconocer que el trading de criptomonedas puede ser emocionante y potencialmente lucrativo, pero también conlleva riesgos significativos, incluido el riesgo de comportamientos adictivos o problemáticos. Es fundamental establecer límites saludables, realizar una investigación adecuada y buscar ayuda profesional si se experimentan dificultades para controlar el comportamiento de inversión.

EVITA QUEDARTE DOPADO

Para evitar "quedarse dopado" por alguna causa o en algún comportamiento, es necesario entender que detrás de todo pico de Dopamina, que habitualmente conlleva la subida de la adrenalina (es decir la estimulación del Sistema Nervioso Simpático), tiene que haber una bajada de esta o lo que es lo mismo la estimulación del Sistema Parasimpático, un proceso de relax o de calma o incluso de decepción, porque si no, lo que se consigue es una escalada progresiva de Dopamina sin descenso. La escalada progresiva de dopamina puede ser peligrosa ya que:

SIN UNA META especifica, es decir con una motivación que no tiene una finalidad concreta, conseguiremos finalmente una depleción de dopamina, un agotamiento de las reservas neuronales de dopamina, que conlleva a la depresión e incluso al suicidio.

CON UNA META puede ser

a) Que finalmente la conseguimos con lo que obtendremos como dijimos un chute de opiáceos que nos creará una dependencia, a no ser que seamos capaces de adaptarnos a la bajada de dopamina posterior o que evitemos la intensidad del chute de opiáceos intentando celebrar con moderación la meta conseguida.
b) Si existe una meta y no la conseguimos entraremos igualmente en un síndrome de depleción de dopamina.

De hecho, "los sacrificios" que en los colegios religiosos nos pedían tenían esta finalidad, la de retrasar el pico de dopamina, de forma que pudiéramos adaptarnos a las subidas y bajadas de la misma durante la vida. No estaría de más que continuáramos ensayando esta técnica, que nos permita dejar de fumar, dejar de comer golosinas, dejar de gastar dinero, etc...

CAPITULO 8: LOS GUIONES DE VIDA

El concepto de "guiones de vida" se originó en la psicología y la terapia de transacción, desarrollada por Eric Berne en la década de 1960. Según esta teoría, los "guiones de vida" son patrones inconscientes de comportamiento y pensamiento que desarrollamos en la infancia y que influyen en nuestras acciones, decisiones y relaciones a lo largo de nuestra vida.

Los GUIONES DE VIDA (Life Scripts) se basan en las experiencias, creencias y mensajes recibidos durante la crianza y la socialización temprana, y pueden ser positivos o negativos.

Los guiones de vida son patrones profundamente arraigados en nuestra psique, formados a lo largo de años de experiencias, interacciones y aprendizaje. Son muy difíciles de cambiar, aunque no son inamovibles. Para reescribir estos guiones, se requiere tiempo, un gran esfuerzo y mucho compromiso; pero si las influencias en su entorno persisten a nivel visual, de comportamiento social, en el ambiente multimedia, la REEDUCACION es imposible. Es más, el peligro consiste en que aquellos que asimilaron guiones de vida adecuados y positivos puedan ser reeducados en el sentido contrario.

La juventud graba sus guiones de vida a través de diversos factores culturales, sociales y familiares. Hasta ahora eran clásicos los guiones de vida relacionados con :

Expectativas de género: Los hombres deben ser fuertes, valientes, exitosos en el ámbito laboral, emocionalmente reservados y los proveedores principales de sustento para sus familias. Las mujeres en cambio sumisas, dedicadas al hogar y al cuidado de los hijos, apoyando el desarrollo de los hombres.

Modelos masculinos: Los hombres a menudo observan y aprenden de los modelos masculinos en sus vidas, como padres, hermanos, amigos, figuras de autoridad y figuras mediáticas. La forma en que estos modelos masculinos se comportan y se relacionan con los demás puede influir en la forma en que los hombres desarrollan sus propios guiones de vida. Por ejemplo, si un hombre crece viendo a figuras masculinas que son emocionalmente distantes o que utilizan la violencia para resolver conflictos, puede internalizar estos comportamientos como parte de su propio guion de vida.

Experiencias de la infancia: Las experiencias vividas durante la infancia, incluyendo la relación con los padres, cuidadores y compañeros de colegio, así como eventos significativos y traumáticos, pueden dejar una huella profunda en los guiones de vida de los hombres. Por ejemplo, un hombre que creció en un ambiente familiar donde se desalentaba la expresión emocional puede llevar consigo un guion de vida que le dificulta expresar sus sentimientos y emociones de manera saludable en la vida adulta.

Cultura y sociedad: Las normas culturales y sociales también influyen en la formación de los guiones de vida. Por ejemplo, en culturas donde se valora la independencia y la competitividad en los hombres, estos pueden sentir la presión de cumplir con estas expectativas en todos los aspectos de sus vidas, desde el trabajo hasta las relaciones personales.

Los guiones de vida se forman a través de una interacción compleja de factores sociales, culturales, familiares y personales. Estos guiones pueden influir en la forma en que los individuos se ven a sí mismos, cómo se relacionan con los demás y cómo abordan los desafíos y las oportunidades en sus vidas.

Uno de los guiones de vida principales son el dinero y la violencia:

GUION DEL DINERO

Para crear psicológicamente un comportamiento reflejo y repetitivo frente al dinero, es decir un guion que se escribe en base a la experiencia vivida en la infancia y juventud, hemos de referirnos principalmente en:

La familia: La actitud hacia el dinero a menudo se forma en la infancia a través de las experiencias familiares. Si se creció en un hogar donde había escasez o se vivían problemas financieros, es posible que se desarrolle un guion de vida que asocie el dinero con la preocupación, el estrés o la falta de seguridad. Por otro lado, si se creció en un hogar donde había abundancia o se enseñaba el valor del trabajo duro y la administración responsable del dinero, es probable que se desarrolle un guion de vida más positivo sobre el dinero.

La cultura y sociedad: Las normas culturales y sociales influyen igualmente en los guiones de vida relacionados con el dinero. En algunas culturas, el éxito financiero puede estar fuertemente vinculado al valor personal y la autoestima, mientras que en otras, el dinero puede considerarse menos importante en comparación con otros valores como la comunidad o la espiritualidad.

Las experiencias personales: Las experiencias personales, de éxito o de fracaso en el ámbito laboral, las inversiones financieras o la gestión de deudas, pueden reforzar o desafiar los guiones de vida relacionados con el dinero. Por ejemplo, una persona que experimenta el éxito financiero puede fortalecer su creencia en la capacidad de alcanzar la prosperidad, mientras que alguien que enfrenta dificultades económicas puede reforzar su guion de vida de escasez o dificultad.

GUION DE LA VIOLENCIA

Experiencias traumáticas: Las experiencias traumáticas, como la exposición a la violencia doméstica, el abuso físico o el acoso escolar, pueden contribuir al desarrollo de un guion de vida que normaliza o justifica la violencia como medio para resolver conflictos o controlar a los demás.

Modelos de comportamiento: Los modelos de comportamiento, tanto en el hogar como en la sociedad en general, pueden influir en la adopción de guiones de vida relacionados con la violencia. Por ejemplo, si se crece en un entorno donde la agresión física se utiliza como una forma común de resolver disputas, es más probable que se internalice este comportamiento y se reproduzca en situaciones futuras.

Medios de comunicación y cultura popular: La exposición a la violencia en los medios de comunicación, como películas, programas de televisión, videojuegos y música, puede influir en la formación de guiones de vida relacionados con la violencia. La glorificación o la normalización de la violencia en los medios <u>pueden desensibilizar a las personas</u> y <mark>hacer que la violencia parezca más aceptable o justificada.</mark>

GUIONES DE VIDA EN INTERNET

Lo que los jóvenes ven en Internet puede tener notable efecto en su vida personal, algunos de los cuales pueden considerarse peligrosos para su desarrollo y bienestar. Aquí hay algunas formas en las que la absorción de "guiones de vida" a través de Internet puede representar un riesgo:

Desinformación y falsas expectativas: Internet está lleno de información no verificada y desinformación. Los jóvenes pueden absorber creencias y expectativas poco realistas sobre la vida, las relaciones, la apariencia física, el éxito, entre otros aspectos, basándose en lo que ven en las redes sociales, en los medios de comunicación y en otros sitios web. Esto puede llevar a una <u>percepción distorsionada de la realidad</u> y a la creación de expectativas poco realistas que pueden causar desilusión y frustración.

Conductas de riesgo: La exposición a contenidos inapropiados en Internet, como drogas, violencia, comportamientos sexuales explícitos o desafíos peligrosos, puede influir en que los jóvenes <u>adopten conductas de riesgo</u>. Al imitar lo que ven en línea, pueden poner en peligro su salud física y emocional.

Problemas de salud mental: La comparación constante con los demás en las redes sociales y la exposición a imágenes retocadas pueden contribuir a la baja autoestima, la ansiedad, la depresión y otros problemas de salud mental en los jóvenes. La presión por encajar en ciertos estándares de belleza, éxito o popularidad puede ser abrumadora y <u>perjudicial para su bienestar emocional.</u>

Aislamiento social: El uso excesivo de Internet y las redes sociales puede llevar a un aislamiento social, donde los jóvenes pasan más tiempo interactuando en línea que en persona. Esto puede dificultar el desarrollo de habilidades sociales y relaciones interpersonales saludables, así como aumentar el riesgo de depresión y soledad.

Exposición a contenido perjudicial: Internet también puede exponer a los jóvenes a contenido perjudicial, como discursos de odio, radicalización, explotación sexual y otros riesgos en línea. Sin una guía adecuada y supervisión por parte de adultos responsables, los jóvenes pueden ser vulnerables a estos peligros.

En este sentido Google la revelado que va a poner en funcionamiento una herramienta denominada <mark>'Búsqueda segura' (Safe Search)</mark> que sirve para evitar todas las imágenes que contengan material potencialmente dañino o sexual, como puede ser la pornografía o el contenido sangriento o violento.

Inicialmente, este filtro se aplicará automáticamente en las cuentas de usuarios menores de edad y supervisadas por adultos.

Los "guiones de vida" formados en Internet son un peligro para los jóvenes si no están equipados con las habilidades necesarias para discernir entre lo real y lo ficticio (y ya vieron en el capítulo 2 que ni siquiera los adultos lo están), discernir entre lo beneficioso y lo perjudicial, especialmente si no reciben una orientación adecuada sobre cómo utilizar Internet de manera segura y responsable.

Es fundamental que los padres, educadores y la sociedad en general estén atentos a estas influencias y brinden apoyo y orientación a los jóvenes para ayudarlos a navegar por el mundo digital de manera segura y saludable. Pero, los padres son en la mayoría de los casos unos ignorantes digitales, para no llamarlos analfabetos digitales, y lo mismo podemos decir de los educadores. ¿Cómo entonces poder controlar a los jóvenes? Las redes por el contrario están creadas con la única finalidad de transformar a los jóvenes en dependientes de la Dopamina que reciben a través de los contenidos. Veremos si la solución aportada por Google que citamos más arriba será eficiente.

La influencia de la televisión e Internet en aspectos como las teorías de conspiración, la violencia, las drogas y la riqueza, es un tema de preocupación y debate en la sociedad actual. Implicaciones y tendencias futuras que hay que tomar en consideración son:

- Aumento de la difusión de teorías de conspiración: Con la proliferación de plataformas en línea y redes sociales, las teorías de conspiración pueden difundirse más rápidamente y alcanzar a audiencias más amplias que nunca. Esto puede generar un aumento en la aceptación de teorías de conspiración y una mayor polarización de opiniones en la sociedad.
- Desensibilización a la violencia: La exposición constante a la violencia en los medios de comunicación, incluidos programas de televisión, películas y videojuegos, así como contenido violento en Internet, puede desensibilizar a las personas y hacer que la violencia parezca más normal o aceptable. Esto puede contribuir a un aumento en la tolerancia hacia la violencia en la sociedad.
- Normalización del consumo de drogas: La representación glamurizada o trivialización del consumo de drogas en los medios de comunicación puede influir en la percepción de las drogas por parte de las personas, especialmente los jóvenes. La exposición constante a imágenes de consumo de drogas en programas de televisión, películas y música puede contribuir a la normalización del uso de drogas y aumentar el riesgo de consumo entre la población más joven.
- Idealización de la riqueza y el lujo: Los medios de comunicación, especialmente las redes sociales, pueden contribuir a la idealización de la riqueza y el lujo. La exposición constante a imágenes de personas exitosas y ricas en las redes

sociales puede generar una presión adicional para alcanzar un determinado nivel de éxito material, lo que puede conducir a comportamientos de consumo excesivo o <u>búsqueda de riqueza a cualquier costo</u>.

En respuesta a estas tendencias, es importante que la sociedad y los responsables de la toma de decisiones aborden estos problemas de manera proactiva. Esto podría incluir

1. Medidas como la ==regulación de contenido== en los medios de comunicación para reducir la exposición a la violencia y la edad de acceso.
2. Promoción de ==mensajes positivos y realistas== sobre la riqueza, el consumo de drogas y las teorías de conspiración.
3. Además, es fundamental fomentar la ==educación== mediática y el pensamiento crítico para ayudar a las personas, especialmente a los jóvenes, a desarrollar habilidades para analizar y evaluar de manera crítica la información que consumen en línea y en los medios de comunicación tradicionales.

IGNORANCIA COMO GUION DE VIDA

El efecto de la ignorancia en los guiones de vida influenciados por Internet puede ser significativo y problemático en varios aspectos. Aquí hay algunas formas en que la ignorancia puede afectar <u>la formación y reeducación de los guiones de vida</u> en el contexto de la influencia de Internet:

Desinformación y falsas creencias: La ignorancia puede llevar a la aceptación de información errónea y falsas creencias que se encuentran en línea. Cuando las personas carecen de conocimientos sólidos sobre un tema en particular, pueden ser más susceptibles a <u>ser influenciadas</u> por teorías de conspiración, noticias falsas y desinformación que circulan en Internet. Estas creencias erróneas pueden contribuir a la formación de guiones de vida basados en percepciones distorsionadas de la realidad.

Reforzamiento de prejuicios y estereotipos: La ignorancia sobre culturas, grupos étnicos, identidades de género u otras características puede llevar al <u>refuerzo de prejuicios y estereotipos</u>. Cuando las personas no tienen una comprensión adecuada de la diversidad y la complejidad de las experiencias humanas, pueden depender de narrativas simplificadas y sesgadas que encuentran en línea, lo que puede contribuir a la formación de guiones de vida basados en el prejuicio y la discriminación.

Ø Cuando habíamos creído que la violación era algo propio de siglos pasados y culturas primitivas, aparece hoy en día junto a las drogas y xenofobia como un elemento para conseguir el interés de los internauta y por lo tanto se instaura como guion de vida en una juventud dependiente de Internet.

Vulnerabilidad a la manipulación: La ignorancia puede hacer que las personas sean más vulnerables a la manipulación por parte de actores malintencionados en línea, como propagandistas, estafadores y extremistas. Sin una comprensión crítica de cómo funcionan los medios de comunicación y cómo se manipula la información en línea, las personas pueden ser más propensas a ser influenciadas por narrativas engañosas que se ajustan a sus propios prejuicios y creencias.

Dificultad para discernir la calidad de la información: La ignorancia sobre cómo evaluar la calidad y la veracidad de la información en línea puede dificultar el proceso de filtrar y seleccionar fuentes confiables y precisas. Esto puede llevar a la aceptación acrítica de información poco confiable y sesgada, lo que puede influir en la formación de guiones de vida basados en premisas incorrectas o engañosas.

> La IGNORANCIA (que en principio es una condición propia de la juventud), se convierte en un elemento crucial en la creación y a veces en la reeducación de los guiones de vida influenciados por Internet.

Por eso hemos de ser conscientes de qué contenidos se les permite acceder a los jóvenes, y de cómo se les enseña a evaluar la calidad y veracidad de lo que ven, muy particularmente en lo referente a contenidos violentos, pornográficos, xenófobos que les producen DEPENDENCIA y a la manipulación que pueden sufrir por los lideres de grupos y sectas capaces de arrastrar a las masas.

CAPITULO 9: LA ETICA DE LA IGNORANCIA

La ETICA DE LA IGNORANCIA, por fin llegamos al título del libro. No lo hemos abordado en un primer momento, porque teníamos que conocer qué, quién y cómo se crea la ignorancia en la Sociedad de la Información y si tiene algún sentido o algún valor en sí misma.

El tema tiene varias vertientes:

1. Un tema complejo son las cuestiones relacionadas con <u>lo que las personas deben o no deben saber</u>, y cómo se relaciona el conocimiento con la <mark>responsabilidad moral</mark>.
2. En cuanto a la información que finalmente llega a nuestros jóvenes mientras están <u>creando sus "guiones de vida"</u> , quién es o son moralmente responsables.
3. Qué derecho tienen las redes a <u>manipular a sus usuarios</u>.

Aquí hay algunos aspectos importantes de la ética de la ignorancia:

Responsabilidad de buscar conocimiento: Desde una perspectiva ética, hay un argumento de que las personas tienen una **responsabilidad moral de buscar conocimiento** y comprender el mundo que les rodea. La ignorancia puede llevar a decisiones y acciones perjudiciales, tanto para uno mismo como para los demás. Por lo tanto, hay una responsabilidad de educarse y estar informado sobre temas relevantes y significativos.

Límites de la capacidad humana: Sin embargo, también es importante reconocer los **límites de la capacidad humana** para adquirir conocimiento. No todas las personas tienen acceso a la misma información, recursos o oportunidades educativas. Además, la cantidad de información disponible en el mundo actual puede ser abrumadora, lo que dificulta que las personas puedan estar completamente informadas sobre todos los temas. Y aunque accedan a la información adecuadamente esta puede ser tan compleja que sea imposible entenderla.

El Riesgo de la falta de conocimiento: Adentrarse en los temas complejos de ciberdelincuencia o criptomonedas por ejemplo sin tener un sólido conocimiento y una sólida información de lo que se trata es exponerte a graves consecuencias como veremos en los próximos capítulos.

La ética de la atención: La ética de la ignorancia también se relaciona con la cuestión de cómo distribuimos nuestra atención y recursos cognitivos. Dado que no podemos conocer todo, debemos tomar decisiones sobre en qué temas enfocar nuestra atención y dedicar nuestros esfuerzos para obtener conocimiento. Esto puede implicar elegir conscientemente ignorar ciertos temas en favor de otros que consideramos más relevantes o significativos.

Impacto de la desinformación: En un mundo donde la desinformación y las noticias falsas son comunes, la ética de la ignorancia también implica la responsabilidad de no contribuir a la propagación de información errónea. Esto significa ser crítico con la información que consumimos y compartimos, y evitar difundir rumores o teorías de conspiración sin verificar su veracidad.

El derecho a la privacidad y la autonomía: También es importante respetar el derecho de las personas a mantener cierto grado de <u>privacidad y autonomía sobre lo que eligen saber o no saber</u>. No todas las personas desean estar informadas sobre los mismos temas, y algunas pueden preferir mantenerse al margen de ciertas discusiones o debates por razones personales o emocionales.

La ÉTICA DE LA IGNORANCIA implica un equilibrio delicado entre <u>la responsabilidad</u> de buscar conocimiento, <u>y los límites</u> de la capacidad humana para comprender el mundo, la distribución ética de la atención y los recursos cognitivos, el impacto de la desinformación y el respeto por el derecho de las personas a la privacidad <u>y la autonomía</u> en la búsqueda del conocimiento.

Por eso la ética de la ignorancia aconseja, dentro del espacio cibernético, nunca tratar o abordar aspectos que desconocemos o no entendamos claramente y con precisión

CULTURA ETICA

"Sin cultura ética no hay salvación para la humanidad." ¿Qué significa? ¿Cuál es la relación con la ética de la ignorancia?

La cita se le atribuye a Albert Einstein y enfatiza la importancia de la cultura ética para la salvación o el bienestar de la humanidad. Vamos a desglosarlo:

"Sin cultura ética": Esta parte de la cita destaca la necesidad de tener una cultura que priorice la ética y los principios morales. Una cultura ética es aquella en la que los individuos y las sociedades valoran conceptos como **honestidad, integridad, compasión, justicia y respeto** por los demás. Implica no sólo adherirse personalmente a las normas éticas, sino también fomentar un entorno en el que <u>estos valores se defiendan y promuevan</u> a nivel social.

"No hay salvación para la humanidad": Esta frase sugiere que, sin esa cultura ética, la humanidad no puede alcanzar la salvación ni el verdadero bienestar. La "salvación" aquí se puede interpretar de varias maneras dependiendo de las creencias de cada uno. Podría referirse a lograr la paz, la armonía o un futuro mejor para la humanidad en su conjunto. Esencialmente, implica que:

Sin una base sólida de valores éticos, la humanidad corre el riesgo de sufrir decadencia moral, conflictos y sufrimiento.

La conexión entre la cita de Einstein y la ética de la ignorancia radica en la importancia de estar informado y tener conocimientos sobre los principios éticos. La ignorancia, en este contexto, se refiere a la falta de comprensión o conciencia de los valores éticos y sus implicaciones y eso incluye una clara compresión de los riesgos. Si los individuos o las sociedades ignoran las consideraciones éticas, pueden actuar de manera dañina, injusta o moralmente cuestionable sin darse cuenta plenamente de las consecuencias de sus acciones.

Por el contrario, una cultura ética promueve la conciencia, la educación y la reflexión sobre los principios éticos. Alienta a las personas a considerar el impacto de sus decisiones en los demás y en la sociedad en su conjunto. Al priorizar la ética, las personas están mejor equipadas para tomar decisiones informadas y moralmente sólidas, lo que conducirá a un mundo más justo, compasivo y sostenible.

INFORMACIÓN DIGITAL

La ética de la ignorancia en el contexto de la información digital se refiere a las consideraciones éticas que rodean la difusión y el consumo de información en la era digital, particularmente en situaciones en las que las personas pueden carecer de conciencia o comprensión de la veracidad, implicaciones o consecuencias de la información que encuentran en línea. Así es como se cruzan los dos conceptos:

Desinformación o desinformación: En el ámbito digital, no todas las desinformaciones son iguales. Tenemos la **desinformación involuntaria** o "misinformation" en inglés (información falsa o inexacta compartida sin intención de engañar) y la **desinformación intencionada** o "disinformation" en inglés (información falsa o inexacta difundida deliberadamente para engañar). La ética de la ignorancia entra en juego cuando los individuos, sin saberlo, consumen o comparten dicha información sin evaluar críticamente su exactitud o credibilidad. Esto puede contribuir a la difusión de narrativas falsas, teorías conspirativas y creencias nocivas, lo que afecta tanto a las personas como a la sociedad en general.

Burbujas de Filtro y Cámaras de Eco: Hemos de ser conscientes que lo que nos llega por las redes sociales no es lo que se publica al azar, no, las redes hacen uso de los algoritmos digitales y sistemas de entrega de contenido personalizados para crear Burbujas de Filtro y Cámaras de Eco, con la finalidad de que al usuario le llegue principalmente la información que se alinea con sus creencias y perspectivas actuales. Esto puede conducir a una comprensión limitada y sesgada de cuestiones complejas, fomentando la ignorancia sobre puntos de vista alternativos y contribuir a la polarización. Desde un punto de vista ético, existe preocupación por la responsabilidad de las plataformas y usuarios digitales de promover perspectivas diversas y facilitar el diálogo informado. Y todavía es peor si la información promueve acciones concretas. Por ejemplo:

Las burbujas de filtro y las cámaras de eco desempeñaron un papel significativo en las <u>elecciones presidenciales de Estados Unidos</u>, incluida la elección del presidente Donald Trump en 2016 y otras elecciones anteriores. Aquí hay algunas formas en que estas dinámicas afectaron el proceso electoral:

- Polarización y división: Las burbujas de filtro y las cámaras de eco contribuyeron a la polarización política y la división en la sociedad estadounidense. Las personas tienden a consumir información que confirma sus propias creencias y puntos de vista, lo que puede exacerbar las diferencias políticas y dificultar el diálogo entre personas con perspectivas divergentes.
- Desinformación y propaganda: Las burbujas de filtro pueden exponer a las personas a información sesgada o falsa que se alinea con sus creencias políticas, lo que facilita la propagación de desinformación y propaganda. Durante la campaña electoral de 2016, hubo numerosos casos de desinformación difundida a través de redes sociales y otros medios digitales, lo que influyó en la percepción pública de los candidatos y los problemas políticos.
- Movilización y activismo: Al mismo tiempo, las burbujas de filtro y las cámaras de eco también pueden facilitar la movilización política y el activismo entre grupos afines. Las personas que comparten puntos de vista políticos similares pueden organizarse más fácilmente a través de plataformas en línea y redes sociales para impulsar su agenda y apoyar a sus candidatos preferidos.
- Impacto en la percepción de los candidatos: Las burbujas de filtro y las cámaras de eco pueden influir en cómo se perciben los candidatos políticos y sus mensajes. Los seguidores de un candidato pueden estar expuestos principalmente a información positiva sobre ese candidato, mientras que los críticos pueden estar expuestos principalmente a información negativa. Esto puede distorsionar la percepción pública de los candidatos y dificultar la evaluación objetiva de sus méritos y políticas.

Aunque ha habido un mayor reconocimiento de los problemas asociados con las burbujas de filtro y las cámaras de eco, aún se necesita más <u>educación y conciencia pública</u> sobre estos temas.

Es fundamental que las personas desarrollen habilidades de pensamiento crítico y alfabetización mediática para evaluar la información de manera objetiva y resistir la influencia de la desinformación y los sesgos en línea.

Fomentar la autonomía y el empoderamiento: Hay que ayudar a las personas a sentirse más seguras y capacitadas para tomar decisiones informadas sobre su participación en línea. Esto puede implicar enseñarles cómo evaluar la credibilidad de las fuentes de información, cómo proteger su privacidad y seguridad en línea y cómo buscar ayuda si encuentran problemas o preocupaciones.

Alfabetización y educación digitales: abordar la ética de la ignorancia en la era digital requiere promover iniciativas de alfabetización y educación digitales. Las personas necesitan desarrollar habilidades de pensamiento crítico, alfabetización mediática e informacional para navegar eficazmente por la gran cantidad de información digital. Esto incluye la capacidad de evaluar la credibilidad de las fuentes, reconocer sesgos y desinformación y emitir juicios informados sobre la información que encuentran en línea. Desde una perspectiva ética, existe una responsabilidad colectiva de invertir en esfuerzos educativos que capaciten a las personas para ser ciudadanos digitales responsables.

Privacidad y protección de datos: la ignorancia sobre los riesgos de privacidad y las prácticas de protección de datos en el ámbito digital puede llevar a las personas a compartir involuntariamente información personal confidencial en línea o a dar su consentimiento a prácticas de recopilación de datos sin comprender completamente las implicaciones. Surgen consideraciones éticas con respecto a la obligación de las empresas de tecnología de priorizar la privacidad y la seguridad del usuario, así como la responsabilidad de los individuos de educarse sobre cuestiones de privacidad digital y tomar decisiones informadas sobre sus actividades en línea.

ANALFABETISMO DIGITAL

Sin embargo, hemos de tener presente que debido al analfabetismo digital se dan dos situaciones extremas

a) Los hay que se sienten **abrumados o preocupados** por los riesgos percibidos asociados con el uso de Internet y la tecnología. Para ellos el abordaje de esas preocupaciones debe hacerse de manera comprensiva y ofreciendo orientación para que las personas puedan tomar decisiones informadas sobre cómo participar de manera segura en el mundo digital. Aquí hay algunas sugerencias sobre cómo hacerlo:

   1. Educación y concienciación: Proporcione información clara y fácil de entender sobre los riesgos y las mejores prácticas para proteger la privacidad y la seguridad en línea. Explique que, si bien existen amenazas potenciales en Internet, hay medidas que las personas pueden tomar para mitigar esos riesgos y disfrutar de los beneficios de la tecnología de manera más segura.

   2. Acompañamiento y apoyo: Ofrezca acompañamiento y apoyo a las personas que se sientan inseguras o nerviosas sobre el uso de Internet. Esto podría implicar proporcionar asistencia práctica para configurar ajustes de privacidad, enseñar habilidades básicas de seguridad en línea o simplemente estar disponible para responder preguntas y ofrecer orientación cuando sea necesario.

3. Enfoque gradual: Anime a las personas a dar pasos pequeños y gradualmente en el mundo digital en lugar de sentir que necesitan sumergirse de lleno desde el principio. Por ejemplo, podrían comenzar con actividades simples y seguras en línea, como enviar correos electrónicos o buscar información, antes de aventurarse en áreas más complejas como las redes sociales o las compras en línea.

4. Destacar los beneficios: Además de señalar los riesgos potenciales, asegúrese de resaltar los beneficios y oportunidades que ofrece Internet. Esto podría incluir la capacidad de conectarse con amigos y familiares, acceder a recursos educativos, buscar información útil, realizar transacciones comerciales convenientes y participar en comunidades en línea de intereses compartidos.

b) Pero existe el caso opuesto, el de los jóvenes que hacen <u>caso omiso de la privacidad o protección de datos</u> por desconocimiento o convencimiento de que ellos lo saben todo, viéndose atrapados en tratas de blancas, difusión pornográfica, difusión de fotos comprometedoras, citas arriesgadas etc. Algunos jóvenes pueden mostrarse despreocupados o incluso ignorantes sobre los riesgos asociados con la privacidad y la protección de datos en línea. Esto puede deberse a una combinación de factores, como la falta de educación sobre los peligros en línea, la creencia errónea de que son invulnerables a los riesgos o la presión de grupo para participar en comportamientos arriesgados en línea. ¿Cómo abordar este problema?

1. Con Educación y concienciación: Es fundamental proporcionar a los jóvenes educación y concienciación sobre los riesgos asociados con el uso de Internet y las redes sociales. Esto incluye enseñarles sobre la importancia de proteger su privacidad en línea, cómo identificar y evitar situaciones de riesgo, y cómo tomar decisiones informadas sobre compartir información personal en línea.

2. Conversaciones abiertas y honestas: Fomentar un ambiente de comunicación abierta y honesta en el hogar, la escuela y la comunidad donde los jóvenes se sientan cómodos compartiendo sus experiencias y preocupaciones en línea. Esto les permitirá hablar sobre los desafíos que enfrentan y buscar orientación y apoyo cuando sea necesario.

3. Modelado de comportamientos seguros: Los adultos, incluidos los padres, maestros y figuras de autoridad, pueden desempeñar un papel importante al modelar comportamientos seguros en línea. Esto implica ser conscientes de cómo manejan su propia privacidad en línea y compartir ejemplos de buenas prácticas con los jóvenes.

4. Promoción de la autoestima y la autoestima: Ayudar a los jóvenes a desarrollar una autoestima positiva y una sólida autoestima puede reducir su vulnerabilidad a la presión de grupo y a participar en comportamientos arriesgados en línea en un esfuerzo por ganar aceptación o validación de otros.

5. Apoyo y recursos: Proporcionar a los jóvenes acceso a recursos y apoyo para ayudarles a enfrentar situaciones de riesgo en línea, como líneas directas de

ayuda, organizaciones sin fines de lucro que se ocupan de la seguridad en línea de los jóvenes, y programas de educación en línea sobre seguridad en Internet.

6. Combatir el resurgimiento del machismo y la sumisión al líder, asegurándoles a los jóvenes que en sus padres encontraran siempre al mejor sostén (a veces) y sino establecer redes sociales que suplan esta falta.

7. Concienciación sobre las consecuencias: Es importante educar a los jóvenes sobre las posibles consecuencias negativas de participar en comportamientos arriesgados en línea, como el acoso cibernético, la explotación sexual, el robo de identidad y las repercusiones legales y sociales de compartir información comprometedora en línea.

8. Potenciar la psicología infantil que en muchos casos ni siquiera está reconocida.

Bueno y ahora vamos al meollo de la cuestión, **cuando** se le tiene que proporcionar esta información y **quien** debe hacerlo. Los padres sería lo ideal, pero muchos viven en un analfabetismo digital, y los profesores son igualmente poco duchos en estos temas y en cómo enseñárselo a los jóvenes.

¿Deberían recibir clases de psicólogos infantiles que les acercara a estos problemas?

BULLYING

¿A quién hacemos responsable cuando los jóvenes se arriesgan? Tenemos una ley del No es No (bueno es del Si es Si), y olvidamos que los jóvenes bajo múltiples presiones, no saben decir que No y en casos extremos prefieren suicidarse. Es difícil proporcionar una cifra exacta sobre cuántos suicidios de jóvenes se deben específicamente al acoso escolar (bullying), ya que las razones detrás de cada suicidio pueden ser complejas y multifacéticas. Sin embargo, el acoso escolar es un factor contribuyente significativo en muchos de los casos de suicidio entre jóvenes y este acoso se produce on line y cuando no, se magnifica por internet.

Las investigaciones han demostrado que el acoso escolar puede tener efectos devastadores en la salud mental y el bienestar emocional de los jóvenes.

¿Deberían recibir clases de psicólogos infantiles que les acercara a estos problemas?

Las víctimas de acoso escolar pueden experimentar una serie de problemas, como depresión, ansiedad, baja autoestima, aislamiento social, trastornos alimenticios y pensamientos suicidas. En casos extremos, el acoso prolongado y la victimización pueden contribuir al desarrollo de trastornos mentales graves y aumentar el riesgo de suicidio. Si bien el acoso escolar no siempre es la única causa de un suicidio, puede ser un factor precipitante o contribuyente en algunos casos.

Es importante abordar el acoso escolar de manera seria y proactiva para prevenir las graves consecuencias que puede tener para la salud mental y el bienestar de los jóvenes. Esto incluye implementar políticas EFECTIVAS y programas anti acoso en las escuelas, educar a los estudiantes sobre la importancia del respeto y ==la empatía==, fomentar un ambiente escolar seguro y de apoyo, y proporcionar recursos y apoyo a las víctimas de acoso escolar. Además, es fundamental que los adultos estén atentos a las señales de acoso escolar y tomen medidas rápidas y efectivas para abordar cualquier incidente de acoso que ocurra.

Hay un teléfono de apoyo a los suicidas, el 024, y un teléfono de denuncia y apoyo al Bullying escolar, el teléfono **900 018 018,** chat y formulario web (accesible también para personas con discapacidad) como herramienta indispensable. Este teléfono permite la recepción de llamadas telefónicas para personas que no tienen ningún tipo de discapacidad. El chat y el formulario web es un sistema de comunicación en tiempo real y accesible, disponible para personas con discapacidad auditiva y del habla.

Entre septiembre de 2021 y agosto de 2022, el teléfono de atención de casos de bullying en los centros docentes atendió 10.835 llamadas, aumentando cada curso escolar: en el 20/21 fueron 9.233, y en el 19/20, 8.424, lo que refleja un problema creciente en las aulas.

Los adultos han considerado hasta ahora que las maniobras de Bullying transformaban a los estudiantes en personas resistentes capaces de enfrentarse a los problemas de la vida, sin embargo, no son conscientes ==del nivel de extensión del problema en una sociedad digital==.

LA EMPATÍA

Los niños que más usan el móvil tienen más tendencia a acosar.

En USA el 59% de los adolescentes han experimentado algún tipo de acoso en línea, y el 42% de los adolescentes informaron haber sido testigos de otros que son objeto de acoso en línea.

EL MÓVIL DE LOS ADOLESCENTES

ESTRENO DEL PRIMER MÓVIL

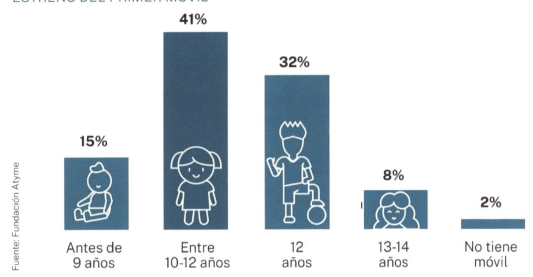

Fuente: Fundación Atyme

| 15% | 41% | 32% | 8% | 2% |
| Antes de 9 años | Entre 10-12 años | 12 años | 13-14 años | No tiene móvil |

Sacado de La Razón "Los niños que más usan el móvil tienden más a acosar" (larazon.es)

En España un 95,7% de los niños españoles de 15 años tiene móvil, según el Instituto Nacional de Estadística (INE). Una vez adquieren el movil, menos del 40% tienen limitadas las horas frente al teléfono. Y han de saber ustedes que los niños con movil no desarrollan su empatía, por razones fácilmente entendibles:

1. Les falta la interacción cara a cara: El tiempo dedicado a dispositivos móviles a menudo se gasta en actividades individuales, como jugar juegos en línea o ver videos, en lugar de interactuar directamente con otras personas.

> La empatía se desarrolla a través de la observación y la interacción con los demás, por lo que la falta de oportunidades para estas interacciones limita el desarrollo de habilidades empáticas.

2. Se exponen a contenidos desensibilizantes: El contenido en línea, como videojuegos violentos o videos que muestran comportamientos antisociales, desensibiliza a los niños a las emociones y experiencias de los demás. Esto dificulta su capacidad para comprender y responder empáticamente a las necesidades y sentimientos de los demás. Y sus guiones de vida copian videojuegos y películas creando adultos antisociales, sin empatía.

3. Pierden la habilidad de comunicación interpersonal: La comunicación a través de dispositivos móviles, como mensajes de texto o redes sociales, limitan las oportunidades para desarrollar habilidades de comunicación interpersonal, muy directamente relacionadas con la expresión corporal y la escucha activa.

> La expresión facial, el lenguaje corporal y la escucha activa, son fundamentales para desarrollar empatía ya que esta depende de las neuronas espejo.

Para los que deseen saber mas sobre estas neuronas le recomendamos el libro de La Trinidad del Ser.

4. Promueve el distanciamiento emocional: La naturaleza distante y a menudo anónima de las interacciones en línea fomenta el distanciamiento emocional frente a las experiencias y sentimientos de los demás. Esto conlleva a una disminución en la capacidad de los niños para conectarse emocionalmente con los demás y comprender sus perspectivas.
5. No tienen modelos cercanos a seguir: Si los padres y cuidadores pasan mucho tiempo con dispositivos móviles en lugar de interactuar activamente con sus hijos, los niños pueden carecer de modelos a seguir para aprender y practicar comportamientos empáticos.

Aunque el uso de dispositivos móviles no es inherentemente perjudicial para el desarrollo de la empatía en los niños, si tiene un impacto negativo si no se equilibra con otras actividades que fomenten la interacción interpersonal y el desarrollo de habilidades sociales.

Otras razones por las que el uso excesivo de dispositivos móviles por parte de los niños aumentar el riesgo de participar en comportamientos de acoso son:

1. Exposición a contenido inapropiado: Pasar mucho tiempo en dispositivos móviles puede exponer a los niños a contenido inapropiado o dañino, como juegos, aplicaciones o redes sociales que promueven el acoso o la violencia.
2. Anonimato y distancia: La naturaleza anónima y distante de las interacciones en línea puede hacer que algunos niños se sientan más cómodos acosando a otros, ya que no enfrentan las mismas consecuencias que tendrían en una interacción cara a cara.
3. Facilidad de acceso a las redes sociales: Las redes sociales y las aplicaciones de mensajería son accesibles fácilmente a través de dispositivos móviles y pueden ser utilizadas como plataformas para el acoso, el ciberbullying y la difusión de contenido perjudicial.
4. Falta de supervisión parental: A menudo, los niños pasan tiempo en dispositivos móviles sin supervisión directa de los padres, lo que puede facilitar la participación en comportamientos de acoso sin ser detectados.
5. Presión de grupo: En algunos casos, los niños pueden sentirse presionados por sus pares o influenciados por la cultura en línea para participar en el acoso o el ciberbullying como una forma de encajar o ganar popularidad.

> Y ahí incluimos la seria meditación sobre la ETICA de la IGNORANCIA: no hagan que sus hijos sean mayores, no los hagan adultos, dejen que sean niños alegres, que jueguen con sus compañeros y puedan fomentar su empatía, aléjenlos de los móviles.

Yo soy totalmente partidaria de la escolarización japonesa. El sistema educativo japonés está diseñado para proporcionar una educación integral y equilibrada a todos los estudiantes, haciendo énfasis en el desarrollo moral, social y académico, pero el desarrollo social y moral es el elemento fundamental en los primeros años, en los que se crean los "guiones de vida". Se les enseña a limpiar las aulas, a ayudar a los compañeros, cómo salir en caso de fuego, dejar el aula arreglada y ordenada, asegurar el respeto a los mayores etc.

No puede decirse lo mismo cuando alcanzan el nivel académico, ya que la presión y las altas expectativas educativas van parejos al aumento de las tasas de suicidio entre los jóvenes. Sin embargo, no es el únicos factor involucrado como podemos ver en el siguiente análisis:

Presión Académica: En Japón, hay una cultura de alta presión académica y expectativas exigentes en términos de logros educativos. Los estudiantes pueden enfrentar una tremenda presión para tener éxito en los exámenes de ingreso a las mejores escuelas secundarias y universidades, lo que puede generar estrés, ansiedad y depresión.

Competencia y Comparación Social: La sociedad japonesa tiende a valorar el logro académico y la competitividad, lo que puede llevar a una intensa competencia entre los estudiantes. Esta competencia puede generar sentimientos de inadecuación, baja autoestima y estrés crónico.

Aislamiento Social: Aunque Japón es una sociedad altamente conectada, también hay problemas de aislamiento social, especialmente entre los jóvenes. La presión académica y la competencia pueden llevar a una mayor alienación y falta de conexión emocional con los demás.

Expectativas Familiares: Las expectativas familiares también pueden ser un factor importante en la presión que sienten los jóvenes. Muchos jóvenes japoneses sienten la responsabilidad de cumplir con las expectativas de sus padres y enfrentan una gran presión para tener éxito académicamente y en sus carreras.

Todos pues cometemos grandes errores en la educación social e integración de nuestros jóvenes. Deberíamos poner remedio con rapidez para que no perdamos más generaciones.

CAPITULO 10. LA DARK WEB

Si hemos hablado de la ética de la ignorancia, ahora tenemos que analizar si debemos o no debemos conocer que es la DARK WEB.

La "dark web" o "web oscura" es una parte de Internet que no está indexada por los motores de búsqueda convencionales y que no es accesible a través de navegadores web estándar. Está compuesta principalmente por redes de sitios web privados y anónimos que requieren software específico, configuraciones especiales o credenciales de acceso para ser visitados. Aquí hay algunas características clave de la Dark Web:

Anonimato: La dark web proporciona un alto nivel de anonimato tanto para los usuarios como para los operadores de sitios web. Los usuarios pueden acceder a la dark web de forma anónima utilizando redes privadas virtuales (VPN), redes de anonimato como TOR o software de enrutamiento en capas (I2P), que enmascaran su dirección IP y hacen que sea difícil rastrear su actividad en línea.

CONTENIDO ILEGAL y diverso: La dark web alberga una amplia variedad de contenido, que va desde foros de discusión y comunidades en línea hasta mercados de drogas, armas, información robada, tarjetas de crédito robadas, actividades ilegales, sitios de pornografía ilegal, servicios de hacking y otros tipos de actividades criminales y mercados ilícitos.

ACTIVIDADES CRIMINALES: Debido al anonimato que proporciona, la dark web a menudo es utilizada por delincuentes para llevar a cabo actividades ilegales, como el tráfico de drogas, la venta de armas, el fraude financiero, la explotación sexual, la venta de datos robados y otras formas de delitos cibernéticos.

Privacidad y seguridad: Aunque la dark web es atractiva para aquellos que desean mantener su privacidad y anonimato en línea, también presenta riesgos significativos. Los usuarios pueden verse expuestos a peligros del tipo malware, estafas, fraudes, actividades ilegales y otros, mientras navegan por la dark web.

Es importante tener en cuenta que no todo el contenido de la dark web es ilegal o malicioso. Si bien la dark web es conocida por albergar actividades criminales, también puede ser utilizada por periodistas, activistas, investigadores y personas que viven en países con censura para comunicarse de manera segura y compartir información sensible sin temor a represalias. Sin embargo, debido a los riesgos asociados con la dark web, es fundamental tomar precauciones adicionales y tener cuidado al acceder a este tipo de contenido.

TOR, abreviatura de "The Onion Router" (El Enrutador Cebolla), es una red de comunicaciones anónima y descentralizada que permite a los usuarios navegar por internet de forma segura y privada. Fue desarrollada originalmente por la Marina de los Estados Unidos con el objetivo de proteger la comunicación gubernamental sensible, pero desde entonces se ha convertido en una herramienta ampliamente utilizada por personas de todo el mundo que buscan mantener su privacidad en línea.

Aquí hay algunos aspectos clave de la red TOR:

- Enrutamiento en capas: TOR utiliza un enfoque de enrutamiento en capas para ocultar la identidad y la ubicación de los usuarios. Cuando un usuario se conecta a la red TOR, su tráfico de internet se redirige a través de una serie de nodos aleatorios, conocidos como "nodos de retransmisión" o "nodos TOR". Cada nodo solo puede ver la dirección IP del nodo anterior y el siguiente, lo que hace que sea extremadamente difícil rastrear la actividad en línea de un usuario de vuelta a su ubicación real.
- Anonimato: Al enrutar el tráfico a través de múltiples nodos, TOR proporciona un alto nivel de anonimato y privacidad en línea. Esto hace que sea difícil para los observadores externos, como los proveedores de servicios de internet (ISP) o los sitios web que se visitan, rastrear las actividades en línea de los usuarios de TOR o determinar su ubicación física.
- Acceso a la dark web: La red TOR es ampliamente utilizada para acceder a la dark web, una parte de internet que no está indexada por los motores de búsqueda convencionales y que requiere software específico, como el navegador TOR, para ser accesible. La dark web está compuesta principalmente por sitios web anónimos y encriptados que no son accesibles a través de navegadores web estándar.
- Privacidad y libertad de expresión: TOR se utiliza en todo el mundo por periodistas, activistas, disidentes políticos y cualquier persona que desee proteger su privacidad y libertad de expresión en línea. Permite a las personas comunicarse de manera segura y acceder a información sin temor a la censura, la vigilancia gubernamental o el control de terceros.

Aunque TOR ofrece un alto nivel de anonimato y privacidad en línea, también es importante tener en cuenta que no es completamente infalible y puede haber riesgos asociados con su uso, como la exposición a malware, estafas y actividades ilegales en la dark web. Es fundamental tomar precauciones adicionales y comprender los riesgos antes de utilizar la red TOR.

DELITOS CIBERNÉTICOS

Los delitos cibernéticos abarcan una amplia gama de actividades ilícitas que se llevan a cabo utilizando tecnologías de la información y la comunicación. Aquí hay una lista de algunos de los delitos cibernéticos más comunes:

Fraude en línea: Esto incluye una variedad de estafas perpetradas a través de internet, como el phishing (suplantación de identidad), el fraude de compras en línea, la falsificación de sitios web para obtener información personal o financiera, y el fraude de subastas en línea.

Robo de identidad: Consiste en el robo de información personal, como números de seguro social, números de tarjetas de crédito o contraseñas, para cometer fraudes financieros u obtener beneficios ilegales.

Malware: El malware incluye software malicioso diseñado para dañar o infiltrar sistemas informáticos. Esto puede incluir virus, gusanos, troyanos, ransomware y spyware, que pueden ser utilizados para robar información, bloquear sistemas o realizar actividades fraudulentas.

Ciberacoso y ciberbullying: Se refiere al uso de tecnología para acosar, intimidar, amenazar o difamar a personas a través de internet. Esto puede incluir el acoso en redes sociales, la difusión de rumores o imágenes comprometedoras, o la creación de perfiles falsos para hostigar a otros.

Pornografía infantil: La producción, distribución o posesión de material pornográfico que involucra a menores de edad es un delito grave en la mayoría de los países y puede ser perseguido activamente por las autoridades.

Robo de datos y violaciones de seguridad: Esto implica acceder de manera no autorizada a sistemas informáticos para robar información confidencial, como datos personales, datos financieros o secretos comerciales. Las violaciones de seguridad también pueden incluir la exposición accidental de datos sensibles debido a la falta de medidas de seguridad adecuadas.

Fraude de tarjetas de crédito y banca en línea: Incluye el uso no autorizado de tarjetas de crédito o cuentas bancarias para realizar compras fraudulentas en línea, así como el robo de credenciales de acceso para acceder ilegalmente a cuentas bancarias o realizar transferencias no autorizadas.

Delitos relacionados con la criptomoneda: Esto puede incluir el robo de criptomonedas a través de hacking, estafas de inversión en criptomonedas, actividades de lavado de dinero y ransomware que exige el pago en criptomonedas.

Estos son solo algunos ejemplos de los numerosos tipos de delitos cibernéticos que existen. La tecnología está en constante evolución, lo que significa que los delincuentes cibernéticos también están ideando nuevas formas de cometer delitos en línea. Por lo tanto, es importante que los individuos y las organizaciones estén al tanto de las amenazas cibernéticas y tomen medidas para protegerse contra ellas.

CAPITULO 11: CRIPTOWEB

El término "criptoweb" no es comúnmente utilizado, ni tiene una definición establecida, pero hace referencia a una variedad de conceptos relacionados con criptografía y la web. Aquí hay algunas de ellas:

- Criptografía en la web: Se refiere al uso de técnicas criptográficas para garantizar la seguridad y la privacidad en las comunicaciones en línea. Esto puede incluir el uso de protocolos criptográficos como HTTPS para proteger la transferencia de datos entre un navegador web y un servidor, así como el cifrado de extremo a extremo utilizado en aplicaciones de mensajería segura.
- Web descentralizada y blockchain: Algunas personas utilizan el término "criptoweb" para referirse a la idea de una web descentralizada construida sobre tecnologías blockchain y criptográficas. En este contexto, la criptografía se utiliza para garantizar la integridad de los datos y la seguridad de las transacciones en una red distribuida sin la necesidad de intermediarios centralizados.
- Plataformas de contenido cifrado: La "criptoweb" también podría referirse a plataformas en línea que utilizan cifrado de extremo a extremo para proteger la privacidad del contenido compartido, como archivos, mensajes o comunicaciones. Estas plataformas a menudo se promocionan como alternativas seguras a los servicios convencionales que pueden comprometer la privacidad de los usuarios.

En general, el término "criptoweb" puede tener diferentes significados dependiendo del contexto en el que se utilice. Puede referirse tanto a prácticas de seguridad en línea que utilizan criptografía como a conceptos más amplios de descentralización y seguridad en la web.

Necesita usted saber todo esto, o puede formar parte de la ética de la ignorancia. Lamentablemente si va a enviar dinero, información reservada o contratos por Internet necesita saberlo, porque el riesgo de que cometa errores que no tengan vuelta atrás es alto. Pero sobre todo es importante para los jóvenes que no tienen sensación de riesgo alguno gestionando criptomonedas y para usted si necesita supervisarlos.

BITCOIN

Es la primera criptomoneda que funciona con la primera red blockchain privada. La primera infraestructura de pago digital pública (disponible para todos sin que sea propiedad de una entidad). El primer dinero público accesible globalmente que funciona sin intermediarios de confianza obligados.

Ya veremos en el siguiente apartado sobre los principios que pone en funcionamiento la UE para la ciberseguridad tratando de asegurar y reforzar los intermediarios proveedores de confianza. Pero sepan que el Blockchain carece de ellos, es la forma en que la infraestructura está diseñada la que crea la confianza, sin necesidad de proveedores de confianza a los que necesites pagar.

Si bien es cierto que el blockchain ofrece una seguridad avanzada y varias ventajas en términos de transparencia y resistencia a la manipulación, su adopción por parte de los bancos y otras instituciones financieras no es bien aceptada, por razones obvias tales como:

Regulaciones y cumplimiento: Los bancos están sujetos a estrictas regulaciones y estándares de cumplimiento, y la adopción de nuevas tecnologías como el blockchain podría requerir cambios significativos en sus procesos y prácticas existentes. Antes de implementar el blockchain a gran escala, los bancos deben asegurarse de que cumple con todas las regulaciones aplicables, lo que puede llevar tiempo y recursos.

Interoperabilidad: La interoperabilidad entre diferentes sistemas y plataformas es crucial en el sector financiero. Los bancos pueden ser reacios a adoptar el blockchain si no pueden integrarlo fácilmente con sus sistemas existentes, lo que podría requerir una inversión adicional en tecnología y desarrollo.

Escalabilidad y rendimiento: Aunque el blockchain ofrece seguridad y transparencia, aún enfrenta desafíos en términos de escalabilidad y rendimiento. Las blockchains públicas, como la de Bitcoin y Ethereum, pueden tener tiempos de confirmación de transacciones lentos y limitaciones en el número de transacciones que pueden procesar por segundo. Esto puede no ser adecuado para las necesidades de procesamiento de alto volumen de los bancos.

Privacidad y confidencialidad: Aunque la transparencia es una de las fortalezas del blockchain, también puede ser una debilidad en ciertos contextos financieros donde la privacidad y la confidencialidad son prioritarias. Los bancos pueden ser renuentes a adoptar una tecnología que exponga detalles sensibles de las transacciones financieras a todos los participantes de la red.

Como veremos en el siguiente apartado, un elemento esencial es que ya no necesitaríamos los bancos para hacer transacciones monetarias, es decir haríamos transacciones financieras sin intermediarios (ver más abajo). Solo necesitaríamos estar dentro de una cadena de blockchain donde podamos tener un monedero con criptomonedas y tener conexión a internet. Pero por la misma razón los hackers tienen rienda suelta para el cobro de rescates después de realizar los ciberataques a través de criptomonedas.

Ø El 1 de marzo de 2024 sin ir más lejos, una dirección de bitcoin conectada a los presuntos piratas informáticos, un grupo conocido como AlphV o BlackCat, recibió una transacción de 22 millones de dólares que, según algunas empresas de seguridad, probablemente fue un pago de rescate realizado por UnitedHealth Group después de su ciberataque, según un artículo de noticias en el blog de Wired. El ataque obligó a cerrar partes del sistema electrónico operado por Change Healthcare, una unidad importante de UnitedHealth Group, dejando a cientos, si no miles, de proveedores sin la capacidad de obtener la aprobación del seguro para servicios que van desde la prescripción de medicamentos hasta una mastectomía, o a pagar por esos servicios.

RIESGO JUVENIL

¿Para que utilizan los jóvenes las criptomonedas?

Los jóvenes a menudo muestran interés en una variedad de criptomonedas, pero algunas de las más populares entre este grupo demográfico incluyen:

1. Bitcoin (BTC): Como la primera y más conocida criptomoneda, Bitcoin sigue siendo popular entre los jóvenes debido a su prominencia en los medios de comunicación y su estatus como la moneda digital más establecida y ampliamente aceptada.
2. Ethereum (ETH): Ethereum es otra criptomoneda muy popular entre los jóvenes, en parte debido a su plataforma que permite la ejecución de contratos inteligentes y aplicaciones descentralizadas (dApps). Muchos proyectos de blockchain y tokens digitales se basan en la red Ethereum.
3. Litecoin (LTC): Litecoin es una criptomoneda que se ha ganado popularidad entre los jóvenes debido a su rápido tiempo de confirmación de transacciones y su algoritmo de minería más accesible, lo que permite la participación de personas con hardware de menor potencia.
4. Dogecoin (DOGE): Dogecoin, originalmente creado como una broma, ha ganado una base de seguidores particularmente fuerte entre los jóvenes debido a su naturaleza lúdica y su comunidad activa en las redes sociales. A menudo se utiliza para propinas en línea y donaciones caritativas.
5. Ripple (XRP): Ripple es una criptomoneda que se ha utilizado para facilitar pagos transfronterizos y transacciones financieras internacionales, lo que la hace popular entre los jóvenes que desean participar en el mercado de remesas globales.
6. Chainlink (LINK): Chainlink es un proyecto blockchain que se centra en proporcionar oráculos descentralizados para conectar contratos inteligentes con datos del mundo real. Ha ganado popularidad entre los jóvenes debido a su potencial para habilitar una amplia gama de aplicaciones descentralizadas.

Y no son las únicas...

Los jóvenes utilizan estas criptomonedas para una variedad de propósitos, que pueden incluir:

- Inversión: Muchos jóvenes ven las criptomonedas como una oportunidad de inversión potencialmente lucrativa, y compran y mantienen estas monedas en la esperanza de que aumenten de valor con el tiempo.
- Comercio: Algunos jóvenes participan en el comercio de criptomonedas, comprando y vendiendo monedas en plataformas de intercambio para obtener ganancias a corto plazo basadas en los movimientos de precios del mercado.
- Uso en aplicaciones y servicios: Algunas criptomonedas, como Ethereum, se utilizan como medio de intercambio en aplicaciones descentralizadas (dApps) y servicios basados en blockchain.
- Donaciones y propinas: Criptomonedas como Dogecoin a menudo se utilizan para propinas en línea y donaciones a organizaciones benéficas y causas sociales.

En general, las criptomonedas ofrecen a los jóvenes una oportunidad de participar en la economía digital, experimentar con nuevas tecnologías y explorar diferentes formas de manejar y almacenar valor en el mundo digital al margen total de los bancos y de la supervisión de los adultos.

PAISES MAS ACTIVOS

Determinar los países con la mayor actividad de transacciones de criptomonedas puede ser un desafío debido a la naturaleza descentralizada y global del mercado de criptomonedas. Sin embargo, algunos países se destacan por su alta actividad en este espacio. Algunos de los países con mayor actividad de transacciones de criptomonedas incluyen: Estados Unidos, China, Japón, Corea del Sur, Reino Unido y Suiza. Esta última conocida por su favorable entorno regulatorio para las criptomonedas y la tecnología blockchain. Muchas empresas de criptomonedas y proyectos blockchain tienen su sede en Suiza, y el país ha sido un líder en la adopción de la tecnología blockchain a nivel empresarial.

Sin embargo, eso no quiere decir que en los comercios sea fácil pagar con ellas. Los países con mayor adopción y aceptación de criptomonedas en transacciones comerciales son: Suiza, con una gran cantidad de cajeros automáticos de criptomonedas. Japón, Estados Unidos: Donde las grandes empresas como Microsoft, Overstock y Expedia han sido pioneras en la aceptación de criptomonedas. Alemania, Países Bajos, y Australia.

Pero también están los usuarios de países con monedas poco solidas en las que los usuarios se arriesgan en las criptomonedas como Turquía, Venezuela, Nigeria, Brasil, Argentina, Filipinas etc. Hasta el extremo que, si alguien hablando de criptomonedas se ubica en Nigeria, lo probable es que sea una estafa piramidal.

Con independencia de que la volatilidad de las criptomonedas sea algo arriesgado a la hora de invertir, el riesgo de quedarse atrapado en el juego con las mismas es muy real. Esto no es óbice para que entendamos que la tecnología que está por detrás a la hora de las transacciones con ellas es muy segura.

BLOCKCHAIN

Pasemos a ver. Blockchain es una tecnología de registro distribuido que se utiliza para almacenar y gestionar datos de forma segura y transparente. A diferencia de las bases de datos tradicionales, donde los datos están centralizados en un servidor o sistema, en una blockchain, los datos se distribuyen entre múltiples participantes de una red.

La característica más distintiva de la tecnología blockchain es su <u>estructura de bloques encadenados</u>, de ahí su nombre. Cada bloque contiene un conjunto de transacciones de datos y tiene una referencia al bloque anterior en la cadena, lo que crea una secuencia cronológica inmutable de bloques.

Aquí hay algunos aspectos clave de cómo funciona el blockchain:

1. **Descentralización:** La información en una blockchain se almacena y verifica en una red de nodos (computadoras), en lugar de estar centralizada en un servidor único. Esto significa que no hay una única autoridad controlando la red, lo que aumenta la transparencia y la resistencia a la censura.
2. **Seguridad**: Los datos en una blockchain están protegidos por criptografía avanzada. Cada bloque contiene un hash criptográfico único que se genera a partir de la información contenida en el bloque y del hash del bloque anterior. Esto hace que sea extremadamente difícil alterar los datos de un bloque sin modificar todos los bloques posteriores, lo que proporciona una mayor seguridad.
3. **Transparencia y confianza**: Debido a su naturaleza descentralizada y transparente, cualquier persona puede verificar las transacciones almacenadas en la blockchain. Esto ayuda a aumentar la confianza entre los participantes de la red, ya que no es necesario confiar en una autoridad central para verificar la integridad de los datos.
4. **Contratos inteligentes**: Algunas blockchains, como Ethereum, permiten la ejecución de contratos inteligentes. Estos son programas informáticos autónomos que se ejecutan automáticamente cuando se cumplen ciertas condiciones predefinidas. Los contratos inteligentes pueden utilizarse para automatizar una amplia variedad de procesos y transacciones, eliminando la necesidad de intermediarios y aumentando la eficiencia.

El blockchain se utiliza en una variedad de aplicaciones, desde criptomonedas como Bitcoin hasta registros médicos, seguimiento de la cadena de suministro, votación electrónica y más. Su potencial para aumentar la seguridad, la transparencia y la eficiencia en una amplia gama de industrias lo convierte en una tecnología muy prometedora para el futuro.

TRANSACCION FINANCIERA

El blockchain y las criptomonedas han planteado la posibilidad de realizar transacciones financieras sin la necesidad de intermediarios tradicionales como los bancos. Esta descentralización del sistema financiero es una de las promesas más emocionantes y revolucionarias de esta tecnología. Aquí hay algunos puntos clave sobre cómo el blockchain podría potencialmente eliminar la necesidad de bancos en algunas transacciones:

Transacciones peer-to-peer: Con el blockchain, las transacciones pueden realizarse directamente entre dos partes, conocidas como transacciones peer-to-peer (P2P), sin la intervención de un tercero como un banco. Esto significa que las personas pueden enviar y recibir dinero sin depender de un banco como intermediario.

Reducción de costos y tarifas: Al eliminar los intermediarios, las transacciones financieras pueden ser más económicas para los usuarios, ya que no tienen que pagar tarifas bancarias. Esto es especialmente beneficioso en el caso de transacciones internacionales, donde las tarifas de transferencia pueden ser significativas.

Mayor acceso financiero: Para muchas personas en todo el mundo, especialmente aquellas en regiones subdesarrolladas o no bancarizadas, el acceso a servicios financieros es limitado. El uso de criptomonedas y blockchain permite que estas personas participen en la economía global sin necesidad de una cuenta bancaria tradicional.

Mayor privacidad y seguridad: El blockchain ofrece un alto nivel de seguridad y privacidad en las transacciones. Las criptomonedas pueden ofrecer un nivel de anonimato que no siempre es posible con las transacciones bancarias tradicionales, lo que puede ser atractivo para aquellos preocupados por la privacidad financiera.

Sin embargo, también es importante tener en cuenta que la eliminación completa de los bancos en el sistema financiero es poco probable en el corto plazo, y existen desafíos significativos que deben abordarse antes de que esto se convierta en una realidad:

Regulación y cumplimiento: La regulación financiera y gubernamental juega un papel importante en la protección de los consumidores, la prevención del lavado de dinero y otras actividades ilícitas. La adopción generalizada de criptomonedas requeriría la creación de un marco regulatorio claro y consistente.

Volatilidad y estabilidad: Las criptomonedas son conocidas por su volatilidad, lo que puede hacer que sean menos atractivas para el uso diario como medio de intercambio. Para que las criptomonedas se conviertan en una alternativa viable a las monedas fiduciarias, es necesario abordar su estabilidad de valor.

Educación y accesibilidad: Muchas personas aún no comprenden completamente cómo funcionan las criptomonedas y el blockchain. Se necesitaría una mayor educación y accesibilidad para que las personas adopten estas tecnologías de manera generalizada.

Si bien el blockchain y las criptomonedas tienen el potencial de reducir la dependencia de los bancos en algunas áreas, es poco probable que los bancos desaparezcan por completo en el corto plazo. Sin embargo, es posible que veamos una evolución en la forma en que las personas realizan transacciones financieras, con una mayor diversidad de opciones disponibles que incluyen tanto servicios bancarios tradicionales como alternativas basadas en blockchain.

MONEDEROS DE CRIPTOMONEDAS

Los **cripto-monederos** son la principal herramienta que los usuarios utilizan para interactuar con una cadena de blockchain, ya sea para almacenar criptomonedas, enviar y recibir fondos, o realizar otras operaciones. Los intercambios de criptomonedas y los exploradores de blockchain son otras formas comunes de interactuar con una blockchain desde una perspectiva más amplia o de observación.

Un cripto-monedero, también conocido como cartera de criptomonedas, es un software o dispositivo que permite a los usuarios almacenar, enviar y recibir criptomonedas. Funciona mediante la generación de pares de claves criptográficas: una **clave pública**, que actúa como una dirección de recepción para recibir fondos, y una **clave privada**, que se utiliza para firmar transacciones y acceder a los fondos almacenados en la dirección pública. Aquí te explico cómo funciona un cripto-monedero:

Generación de claves: Cuando creas un nuevo cripto-monedero, se generan un par de claves pública y privada utilizando algoritmos criptográficos seguros. La clave pública es la dirección a la que otros usuarios pueden enviar criptomonedas, mientras que la clave privada es utilizada para firmar transacciones y acceder a los fondos almacenados en esa dirección.

Almacenamiento seguro: Las claves pública y privada se almacenan en el cripto-monedero de forma segura. Dependiendo del tipo de cripto-monedero, este puede ser un software instalado en tu computadora o teléfono móvil, un servicio en línea (conocido como cripto-monedero en línea o basado en la nube), o incluso un dispositivo físico especializado (conocido como hardware wallet= monedero en hardware).

Envío y recepción de fondos: Para recibir fondos, compartes tu dirección pública con la persona que te enviará criptomonedas. Cuando recibes una transacción, los fondos se agregan a tu saldo en el cripto-monedero. Para enviar fondos, inicias una transacción y firmas digitalmente con tu clave privada para autorizarla. Esta transacción luego se transmite a la red blockchain para su verificación y confirmación.

Seguridad: La seguridad de un cripto-monedero es fundamental ya que cualquier persona que tenga acceso a la clave privada puede acceder a los fondos asociados con esa dirección. Por lo tanto, es importante mantener la clave privada segura y nunca compartirla con nadie.

Cómo entrar en una cadena de blockchain, la mayoría de las personas interactúan con las blockchains a través de aplicaciones o servicios que les permiten enviar y recibir criptomonedas, así como realizar otras operaciones como consultar el saldo, ver transacciones pasadas, etc. Aquí hay algunas formas comunes de "entrar" en una cadena de blockchain:

Cripto-monederos: Como se describió anteriormente, los criptomonederos te permiten interactuar con una blockchain para enviar, recibir y almacenar criptomonedas.

Intercambios de criptomonedas: Los intercambios de criptomonedas son plataformas en línea que permiten a los usuarios comprar, vender e intercambiar criptomonedas. Al utilizar un intercambio, estás interactuando indirectamente con la blockchain subyacente al realizar transacciones en el intercambio.

Exploradores de blockchain: Los exploradores de blockchain son herramientas en línea que permiten a los usuarios ver información detallada sobre transacciones, bloques y direcciones en una blockchain específica. Pueden ser útiles para realizar un seguimiento de transacciones o investigar el historial de una dirección.

CIBERSOLIDARIDAD

Ya hemos dicho que EU no está a favor de potenciar al blockchain ni en las transacciones financieras ni en los sistemas de ciberseguridad, porque al ser públicos (disponible para todos sin que sea propiedad de ninguna entidad) pierde el control de los mismos.

Europa dependerá ahora de un **Sistema Europeo de Alerta de Ciberseguridad** para detectar amenazas cibernéticas más rápidas, y de un mecanismo europeo de ciber

Con la **Ley Europea de Ciber solidaridad** se quiere mejorar la cooperación ciberoperativa a nivel europeo. El Parlamento Europeo y el Consejo también llegaron a un acuerdo sobre la modificación de la **Ley de Ciberseguridad**. Esta enmienda abre la posibilidad de adoptar sistemas de certificación europeos para los servicios de seguridad gestionados. Ayudará a proporcionar un marco para establecer proveedores de confianza en la Reserva de Ciberseguridad de la UE en virtud de la Ley de Ciber solidaridad.

Los servicios de seguridad gestionados desempeñan un papel importante en la prevención y respuesta a incidentes de ciberseguridad. Sin embargo, también son un objetivo para actores maliciosos que buscan obtener acceso a los entornos sensibles de sus clientes. La certificación de dichos servicios reforzará la ciberseguridad en toda la Unión, promoviendo la confianza y la transparencia en la cadena de suministro. Esto es crucial para las empresas y los operadores de infraestructuras críticas, que tendrán un punto de referencia claro a la hora de adquirir servicios de ciberseguridad.

No nos olvidemos que es común que los sistemas de ciberseguridad en la UE se basen en estándares y prácticas desarrollados en otros países, incluidos los Estados Unidos. Por ejemplo, los estándares del Instituto Nacional de Estándares y Tecnología (NIST) de los Estados Unidos son ampliamente reconocidos y utilizados en todo el mundo como referencia en materia de ciberseguridad. Por otro lado, los criterios de protección de datos de la UE son notablemente diferente de los de USA y no digamos de otros países.

Entenderemos que, si en la actualidad disponemos de poderosas herramientas de control de masas, estas van a ser utilizadas en las teorías conspirativas hasta que se consiga su establecimiento como Verdades Globales. Igualmente, la Elite, la Nobleza va a ser protegida y ocultada con el fin de poder establecer su orden y dirigir sus peones.

El término "La Elite" se refiere comúnmente a un grupo selecto de personas que ocupan posiciones de poder, influencia y riqueza en la sociedad. Estas personas suelen estar en la cima de las estructuras sociales, políticas, económicas o culturales y pueden ejercer un control significativo sobre los recursos y las instituciones. La élite puede incluir líderes políticos, empresariales, financieros, académicos, religiosos, culturales o de otro tipo que tienen acceso privilegiado a recursos y oportunidades.

La definición exacta de quiénes conforman "La Elite" puede variar según el contexto y la perspectiva. Algunas personas pueden ver a la élite como un grupo de élite global que opera a nivel internacional y controla los destinos del mundo, mientras que otros pueden considerar a la élite en un contexto <u>más local</u> o específico, como dentro de un país o una industria particular.

Es importante tener en cuenta que el concepto de "La Elite" a menudo conlleva connotaciones de poder, privilegio y desigualdad, y puede ser objeto de debate y controversia. Algunas personas pueden ver a la élite como una <u>fuerza positiva</u> que impulsa el progreso y la innovación, mientras que otras pueden percibirla como un obstáculo para la igualdad y la justicia social, es decir una <u>fuerza negativa</u>.

Traemos el tema aquí, porque no es un tema baladí en Internet, sino que es un tema persistente tanto en la Red abierta como en la Red profunda.

Con notable transcendencia en el Control Financiero Mundial tenemos a las empresas Vanguard y BlackRock. Vanguard creada en 1975 por John C. Bogle, quien introdujo el primer fondo indexado para inversores minoristas. BlackRock fundada en 1988 por Larry Fink, Robert Kapito y Susan Wagner, es la mayor empresa de gestión de inversiones del mundo en términos de activos bajo administración (AUM). Entre ambas controlan prácticamente todas las grandes industrias, eléctricas, telecos, petrolíferas, comunicaciones...del mundo y son responsables de la destrucción del Amazonas.

Queda claro que la concentración de poder dentro de la Élite es obvia.

LA NOBLEZA NEGRA

¡Atención! nada de lo escrito en este apartado es mío y no tengo en absoluto ningún conocimiento personal o creencia al respecto, habrá que preguntar a Alexandro Valerin o Alexandro du Chatel por sus publicaciones recogidas en estos dos artículos y de los que se ha extraído la información (ver los links). Sin embargo, esto no quita para reproducirla aquí tal como está publicada con el fin de que los que si crean en teorías conspirativas o se encuentren envueltos en ellas o simplemente les encante conocer estas historias puedan tener información.

PARTE 1: https://totaldisclosure.net/the-black-nobility-i/

PARTE 2: https://totaldisclosure.net/the-black-nobility-ii/

Al fin y a la postre ==forman parte de la Atracción Dopaminérgica propia de <u>los creadores de historias</u>==.

Según ellas el **Papa Blanco** no es un sacerdote y mucho menos un hombre de Dios es un jesuita hereje. Tanto el **Papa Negro** como el **Papa Gris** son Jesuitas lo que los hace miembros de una orden Militar. No hay nada Santo en ellos tres. Los Jesuitas han tenido éxito en alcanzar su meta de poder absoluto sobre las masas, preparando el campo para el anticristo.

Las Líneas de Sangre Papales son la jerarquía secreta en la sombra de la Orden Jesuita que controla al Papa Negro. Estas poderosas líneas de sangre son los Breakspear, Somaglia, Orsini, Farnese y Aldobrandini. Estas cinco familias se unen a los Borgia, Chigi, Colonna, Conti, Este, Medici, Pallavicini, y Pamphili para formar las antiguas 13 líneas de sangre Saturnalianas. El hombre más poderoso en este momento es el Papa Gris y Rey de Roma: Pepe Orsini.

También especifica que tanto el Papa Negro como el Papa Blanco son plebeyos, utilizados como peones por las líneas de sangre papales. La línea de sangre Rothschild se casó con los antiguos trece cuando David Rothschild se casó con la princesa Olimpia Aldobrandini. Estas líneas de sangre constituyen las familias más poderosas del planeta, y ni siquiera están cerca en lo que a riqueza se refiere. El Papa Gris mueve los hilos, sin ser visto, ya que controla ambas alas de la Iglesia Católica Romana.

Estas **Dinastías Ptolemaicas Egipcias** están en control de la Compañía de Jesús, el **Alto Consejo Gris de los Diez**, y todo lo que está por debajo. Puede ser chocante aprender sobre estas familias, seguro. Pero eso es porque las trece familias serviles actúan como peones y distracción. Las líneas de sangre Astor, Bundy, Collins, DuPont, Freeman, Kennedy, Li, Onassis, Reynolds, Rockefeller, Rothschild, Russell y Van Duyn están por debajo. Según los autores de los artículos citados, actúan como escudo y son el blanco común de historiadores y periodistas que intentan desenmascararlos.

De nuevo, sean conscientes de que no sé si la información aquí descrita tiene algún tipo de comprobación posible, yo desde luego no la tengo.

Pero quizá me llame la atención que el nombre de la familia Wallenberg luteranos de Suecia no esté entre los mencionados. Los intereses de los Wallenberg incluyen bancos, telecomunicaciones como Erickson, la farmacéutica Astra Zéneca, Investor AB, junto a otras 20 compañías. Controla el 40% de la industria sueca y representa el 40% del Stock Market de Estocolmo y por su ramificación en telecomunicaciones tiene particular importancia para Internet.

LOS ILLUMINATI

Los Illuminati es el nombre dado a varias sociedades secretas históricas, así como a teorías de conspiración modernas que afirman que existe una élite secreta que controla los acontecimientos mundiales y persigue objetivos ocultos. Aquí hay un breve resumen de ambos aspectos:

Historia de los Illuminati: Los Illuminati originales fueron una sociedad secreta fundada en Baviera (actual Alemania) en 1776 por Adam Weishaupt, un profesor de derecho. La sociedad tenía como objetivo principal promover la ilustración y los valores de la razón y la libertad de pensamiento y luchaban contra el poder religioso y de las monarquias. Sin embargo, los Illuminati fueron prohibidos por el gobierno bávaro en 1785 y <u>disueltos</u> oficialmente.

Teorías de conspiración modernas: En la actualidad, el término "Illuminati" se utiliza a menudo en teorías de conspiración que sugieren que una élite secreta, que incluye a figuras poderosas en la política, la banca, los medios de comunicación y la industria, está manipulando los acontecimientos mundiales para sus propios fines. Estas teorías a menudo incluyen afirmaciones de control sobre el sistema financiero global, la influencia en los gobiernos y la búsqueda de un <u>gobierno mundial totalitario</u>. Algunas teorías de conspiración sugieren que los Rockefeller están vinculados a los Illuminati y que han sido parte de un plan secreto para controlar el mundo o influir en eventos globales.

Y aunque los Illuminati históricos no tenían símbolos específicos como parte de su identidad, ya que operaban en secreto y sus actividades se llevaban a cabo en privado. Sin embargo, en las teorías de conspiración modernas y en la cultura popular, se han asociado varios símbolos con los Illuminati. Algunos de los símbolos más comúnmente mencionados incluyen varios de los que aparece por detrás de los billetes de dólar, lo que los hace aparecer todavía más conspiranóicos, como son:

- **El ojo que todo lo ve**: También conocido como el "ojo de la providencia", este símbolo representa un ojo dentro de un triángulo, a menudo rodeado por rayos de luz. Se cree que simboliza la vigilancia constante y el control sobre los acontecimientos mundiales.
- **El triángulo**: En la iconografía de los Illuminati, el triángulo, especialmente cuando se combina con el ojo que todo lo ve, es un símbolo prominente que sugiere la omnipotencia y el control.
- **La pirámide**: La pirámide es otro símbolo asociado con los Illuminati, especialmente cuando se combina con el ojo que todo lo ve en la cúspide de la pirámide. Se cree que representa una estructura jerárquica de poder y control.
- **El búho**: Algunas teorías de conspiración sugieren que el búho es un símbolo de los Illuminati, aunque esto es menos común que otros símbolos. Se dice que el búho representa la sabiduría y la vigilancia nocturna.
- **El número 666**: En algunas teorías de conspiración, el número 666 se asocia con los Illuminati como un símbolo de poder maligno y control sobre el mundo.

Es importante tener en cuenta que estas asociaciones entre símbolos y los Illuminati son principalmente el resultado de teorías de conspiración y especulaciones infundadas, y no tienen base en la historia real de los Illuminati. Además, muchos de estos símbolos se han utilizado en una variedad de contextos a lo largo de la historia y no están exclusivamente vinculados a los Illuminati.

Los Illuminati pues, tienen una historia real como una sociedad secreta histórica, pero el término ahora se usa comúnmente en teorías de la conspiración que son difíciles de fundamentar.

NOM-NUEVO ORDEN MUNDIAL

Entre 1946 y 1949, tras el final de la Segunda Guerra Mundial, se establecieron varias instituciones internacionales con el objetivo de promover la cooperación global y prevenir futuros conflictos. Algunas de las instituciones más destacadas creadas durante este período son:

La Organización de las Naciones Unidas (ONU): Fundada el 24 de octubre de 1945, la ONU es una organización internacional que tiene como objetivo principal mantener la paz y la seguridad internacionales, promover la cooperación entre los países en áreas como el desarrollo económico y social, los derechos humanos y el derecho internacional. La Fundación Rockefeller estuvo involucrada en la creación de las Naciones Unidas (ONU), aunque su participación fue principalmente a través de apoyo financiero y asistencia intelectual en lugar de un papel directo en las negociaciones o la redacción de los estatutos de la ONU.

El Fondo Monetario Internacional (FMI): Establecido en julio de 1944, pero comenzó a funcionar efectivamente en 1947, el FMI es una institución financiera internacional que promueve la estabilidad monetaria y el crecimiento económico sostenible en todo el mundo. Proporciona asistencia financiera a los países miembros que enfrentan crisis económicas.

El Banco Mundial: También conocido como el Grupo Banco Mundial, que fue creado en 1944 durante la Conferencia de Bretton Woods, pero que comenzó a operar en 1946. Durante la Conferencia de Bretton Woods en 1944, donde se establecieron el Banco Mundial y el Fondo Monetario Internacional (FMI), la Fundación Rockefeller, junto con otras organizaciones e individuos influyentes, proporcionó apoyo intelectual y financiero para las discusiones y negociaciones que llevaron a la creación de estas instituciones financieras internacionales. El Banco Mundial es una institución financiera internacional que proporciona préstamos y asistencia técnica a los países en desarrollo para proyectos de desarrollo económico y reducción de la pobreza.

La Organización Mundial de la Salud (OMS): Fundada el 7 de abril de 1948, la OMS es una agencia especializada de las Naciones Unidas que se ocupa de los asuntos relacionados con la salud a nivel mundial. Su objetivo es promover la salud, prevenir enfermedades y mejorar el bienestar de las personas en todo el mundo. Su precursor el Dr. René Sand medico suizo, prisionero de los alemanes en Dachau, presidente del Consejo de Administración de la Oficina Internacional de Higiene Pública (OIHP), trabajó estrechamente con líderes e instituciones como la Fundación Rockefeller para promover la idea de una agencia de salud pública mundial.

Estas instituciones fueron creadas con la intención de establecer un NUEVO ORDEN MUNDIAL (NOM) basado en la cooperación, el desarrollo sostenible y la paz internacional después de los devastadores efectos de la Segunda Guerra Mundial.

AGENCIAS DE INTELIGENCIA

El FBI (Oficina Federal de Investigación), la CIA (Agencia Central de Inteligencia) y el Mossad (Instituto de Inteligencia y Operaciones Especiales), son agencias de inteligencia y seguridad nacional de Estados Unidos e Israel respectivamente. Aunque desempeñan un papel importante en el ámbito de la seguridad nacional y la inteligencia, no fueron establecidas con el propósito de dominar el orden mundial en el sentido en que se refiere a la creación de instituciones internacionales para promover la cooperación global y la paz, como lo fueron las organizaciones mencionadas previamente. Estas agencias se enfocan más en la seguridad y el espionaje a nivel nacional y en algunas ocasiones en el extranjero.

Se crearon igualmente en el período de 1946 a 1949 en el contexto de la GUERRA FRIA y el aumento de la rivalidad entre las superpotencias. Aunque no debemos la historia del movimiento sionista con el establecimiento del Estado de Israel. El 2 de noviembre de 1917, Arthur James Balfour, quien en ese momento era el ministro de Asuntos Exteriores del Reino Unido, envió una carta a Lionel Walter Rothschild, el líder de la comunidad judía británica, en nombre del gobierno británico. En la carta, conocida como la Declaración Balfour, expresó el apoyo del gobierno británico al establecimiento de un hogar nacional judío en Palestina, entonces parte del Imperio Otomano.

Otras agencias de inteligencia son:

KGB (Comité para la Seguridad del Estado): La agencia de inteligencia y seguridad de la Unión Soviética, fundada en 1954 como sucesora de la NKVD. Aunque fue fundada después de 1949, su predecesora, la NKVD, ya estaba activa en el período posterior a la Segunda Guerra Mundial.

MI6 (Servicio Secreto de Inteligencia Británico): El servicio de inteligencia exterior del Reino Unido, también conocido como SIS (Servicio de Inteligencia Secreta). Aunque MI6 existía antes de la Segunda Guerra Mundial, su importancia y alcance aumentaron significativamente durante la Guerra Fría.

DGSE (Dirección General de Seguridad Exterior): La principal agencia de inteligencia exterior de Francia, creada en 1982. Aunque es posterior al período mencionado, su antecesora, el SDECE (Servicio de Documentación Exterior y de Contraespionaje), si fue establecida en 1946.

MSS (Ministerio de Seguridad del Estado): La agencia de inteligencia de la <u>República Popular China</u>, establecida en 1983. Aunque es posterior al período mencionado, sus predecesoras, como la Guoanbu, se originaron en la década de 1940.

Estas son solo algunas de las agencias de inteligencia más destacadas que surgieron en el período posterior a la Segunda Guerra Mundial. Muchos países establecieron o reorganizaron sus servicios de inteligencia durante este tiempo para ser capaces de enfrentarse a las nuevas amenazas y <u>desafíos geopolíticos de la posguerra</u>.

EL ANTROPOCENO

Es obvio que sabes y lo has visto hasta la saciedad en películas, que las teorías conspirativas vinculan las instituciones creadas entre 1946 y 1949 con narrativas de control mundial, manipulación política y vigilancia encubierta. Algunas de estas teorías son ampliamente difundidas y son fuentes para la creación de novelistas, historiadores, espiritistas, conspiradores etc. Pero, en cualquier caso, lo que sí es obvio es que desde 1950 vivimos en una ==nueva EPOCA GEOLÓGICA== caracterizada por la contaminación y destrucción llevada a cabo por el hombre y que se ha bautizado como ==ANTROPOCENO==.

El Antropoceno es un concepto geológico que describe el período de la historia de la Tierra en el que las actividades humanas han tenido un impacto significativo y global en los sistemas terrestres, incluidos el clima, la biodiversidad, los ciclos biogeoquímicos y más. En este contexto, las TEORIAS CONSPIRATIVAS pueden desempeñar un papel en el Antropoceno por varias razones:

- **Desconfianza** en las instituciones y autoridades: El aumento de las teorías conspirativas puede reflejar una creciente desconfianza en las instituciones gubernamentales, corporativas y científicas que se percibe como responsables de abordar los desafíos del Antropoceno. Las personas que desconfían de estas instituciones pueden ser más propensas a creer en teorías conspirativas que explican eventos o fenómenos de manera alternativa.

- Complejidad y **opacidad** de los problemas del Antropoceno: Los problemas asociados con el Antropoceno, como el cambio climático, la pérdida de biodiversidad y la contaminación ambiental, son complejos y a menudo tienen múltiples causas y consecuencias interrelacionadas. Esta complejidad puede llevar a la aparición de teorías conspirativas que buscan simplificar la explicación de estos problemas al atribuirlos a un pequeño grupo de actores maliciosos que manipulan eventos en secreto.

- Acceso a información y **difusión** de noticias falsas: Con el advenimiento de internet y las redes sociales, la información, tanto verdadera como falsa, se puede difundir rápidamente y a gran escala. Esto facilita la propagación de teorías conspirativas que pueden encontrar una audiencia receptiva entre aquellos que buscan respuestas simples a problemas complejos del Antropoceno.
- **Desesperación** y búsqueda de explicaciones: El aumento de los desafíos ambientales y sociales asociados con el Antropoceno puede generar sentimientos de ansiedad, incertidumbre y desesperación en algunas personas. En este contexto, las teorías conspirativas pueden proporcionar una sensación de comprensión y control al ofrecer explicaciones simplificadas y la posibilidad de identificar a "culpables" de los problemas.

Y yo añadiría, el postulado que repetimos en varios de los capítulos

- La **fuente narrativa de historias** que producen una considerable atracción dopaminérgica rayana en la drogadicción, permitiendo el desarrollo de Postcast de todo tipo, y Grupos de todo tipo en las redes que se sienten adorados y arropados por sus pares.

Las teorías conspirativas forman pues una parte esencial en el Antropoceno debido a la complejidad de los problemas asociados, la desconfianza en las instituciones establecidas y la difusión de información a través de medios digitales, entre otros factores a los que nosotros añadimos la atracción dopaminérgica de las narrativas conspiranóicas.

Sin embargo, es importante abordar críticamente estas teorías y basar nuestras percepciones en una evidencia sólida y un análisis riguroso para abordar efectivamente los desafíos del Antropoceno.

Las teorías conspiranóicas más comunes del Antropoceno son:

Nuevo Orden Mundial (NOM): Esta teoría sostiene que un grupo de ÉLITE GLOBAL está trabajando en secreto para establecer un gobierno mundial totalitario que usurpe la soberanía de los estados-nación. Según esta narrativa, organizaciones como las Naciones Unidas, el FMI y el Banco Mundial son instrumentos utilizados por esta élite para avanzar en sus objetivos de dominación global. La soberanía de las naciones del mundo se verá usurpada por estos entes superiores que determinaran las normas y reglas por las que el mundo va a desarrollarse.

Control de la mente y vigilancia masiva: Algunas teorías conspirativas sugieren que agencias de inteligencia como la CIA, el MI6 y el Mossad están involucradas en programas secretos de control mental, experimentación con drogas y vigilancia masiva de la población. Estas teorías a menudo se centran en eventos históricos como el Proyecto MK-Ultra de la CIA, que investigó técnicas de control mental en las décadas de 1950 y 1960. Lo que si parece obvio es que la herramienta de búsqueda de Google permite acumular información personal de cada uno, que posteriormente es monetizada para propaganda, marketing etc.

Alienígenas y encubrimiento extraterrestre: Otras teorías sugieren que las agencias de inteligencia están involucradas en el encubrimiento masivo de la presencia de vida extraterrestre en la Tierra o de estructuras en Marte. Según estas narrativas, organizaciones como la CIA y la NASA tienen conocimiento de encuentros con extraterrestres y tecnología alienígena, pero lo ocultan al público con la finalidad de mantener el control, evitar un pánico generalizado o colapsar las creencias religiosas ortodoxas fundamentales en la Tierra. **Linda Moulton Howe** (podcast.earthfiles.com) periodista de investigación, y ganadora de un premio EMI, asegura tener información a través de un militar del Pentágono, de la posesión de tres naves espaciales, la USS Curtis Lemay, la USS Hoyt Vandenberg, la USS Roscoe Hillenkoetter, las dos últimas capaces de volar con **tecnología DPQT** o Deep Protocol Quantum Tunneling. La DPQT consigue hoy en día 50 años-luz de velocidad en pocos segundos, poniendo en contacto y sintonizando la energía cuántica de un punto espacial con la de otro punto espacial mapeable. Cuando se energiza mediante una antena especial, se consigue producir un torbellino toroidal propulsor delante y en sentido contrario detrás. Esto produce un hundimiento del campo gravitatorio por delante mientras es empujado por el montículo producido por el campo gravitatorio trasero (recuerde lo que le explicamos en la introducción que la gravedad en realidad es una curvatura del plano espacio-tiempo debido a la masa y la energía del cuerpo celeste -ver figuras-), la curvatura es tal que se ponen en contacto los planos espacio-tiempo de ambos puntos creando un túnel de desplazamiento.

92- La ética de la ignorancia: Ciencia o Postcast. Olga Ferrer 2024

Algunas de las teorías conspirativas carecen de evidencia sólida y van siendo desacreditadas por la comunidad científica y académica. Toman en cuenta rumores, interpretaciones erróneas y manipulan la información para respaldar <u>"una narrativa" preconcebida</u> y no es raro que detrás tengan un Postcast de lucro económico. Es importante evaluar críticamente estas afirmaciones y buscar fuentes confiables y verificadas para obtener información precisa y objetiva como ya tratamos a principio del libro en el capítulo 2: Verdadero o Falso. True or Fake en inglés.

Pero si es cierto que cuando se muevan por las redes, estos temas van a ser repetitivos ya que forman parte de la poderosísima atracción dopaminérgica.

==Es la <u>Atracción dopaminérgica</u> que producen las historias o narraciones bien contadas, con independencia de lo surrealista que parezcan.==

Otros de los temas repetitivos con gran cantidad de seguidores en los Postcast son:

La Tierra Plana o Terraplanismo. Esta teoría está extensamente elaborada y crea historias fascinantes como el Domo de cobertura terrestre, la Matrix de la Tierra, el Límite de la Antártida, el Sol Negro, los continentes tras el límite de la Antártida, etc.

Las 58 razas Alienígenas de la Tierra. Entre las más conocidas:

- Los Grises: Una de las "razas" alienígenas clásicas, descritas como seres pequeños, delgados y con cabeza grande y ojos grandes y negros. Se les atribuye un interés en la experimentación genética y por lo tanto se les considera agresivos en sus interacciones con los humanos. Ellos se definen como entidades no biológicas (N-BENs) pero poseen una cobertura parecida a la piel humana o a la de los delfines húmeda. Es importante señalar que, a pesar de su similitud física, existen otras razas alienígenas, como los E-BENs (entidades biológicas extraterrestres), que son distintas de los Grises y que están encantados en compartir sus habilidades tecnológicas.
- Los Reptilianos: Se les describe como una raza de seres humanoides con características reptilianas, como escamas y ojos de reptil. Son agresivos y se les atribuye que controlan secretamente la Tierra.
- Los Nórdicos o Pleiadianos: Se dice que son seres azules humanoides altos, o blancos de aspecto nórdico, con características físicas similares a las de los humanos, pero con habilidades tecnológicas avanzadas. Se les cree pacíficos e interesados en el desarrollo espiritual de la humanidad.
- Los Mantídeos: A veces descritos como seres Insectóides con características similares a las mantis religiosas. Se les considera una raza altamente evolucionada tecnológicamente, agresivos y muy hostiles frente a la Tierra.

- Los Annunakis: Visitaron la Tierra desde la antigüedad y estuvieron involucrados en la creación del hombre. Es una raza reptil pacifica de la que nacieron subrazas como los reptilianos.

Las prácticas de los Illuminati, en las que no queremos entrar aquí por lo criminales, al considerarse que realizan sacrificios de niños y están ligados a la trata infantil. Pero quizá le interese saber que en 1776 Adam Weisop estableció que se tenía que producir en el mundo suficiente violencia y caos, es decir miedo, para que la totalidad de los habitantes promovieran unir las fuerzas bajo un único gobierno global totalitario dictatorial, un nuevo orden mundial (NOM), para controlarlo.

Por ultimo y entre otros muchos:

Los canalizadores de seres y el tinnitus. Otra de las teorías en boga en la Red es que las personas con capacidad de comunicarse con extraterrestres o espíritus desarrollan tinnitus (ruidos y zumbidos en los oídos sin una fuente externa de sonido).

Aunque si tiene un tinnitus, olvídese de estas teorías conspirativas y dedíquese a buscar solución médica. Como esto me involucra como médico, déjenme explicarles cual es la causa de los tinnitus:

1. Exposición al ruido fuerte: La exposición a ruidos fuertes, como música alta, maquinaria industrial o explosiones, puede dañar las células ciliadas del oído interno y causar tinnitus.
2. Edad y pérdida de audición relacionada con la edad: La pérdida de audición relacionada con la edad es una causa común de tinnitus. A medida que envejecemos, las células ciliadas en el oído interno pueden dañarse, lo que puede llevar a la percepción de zumbidos.
3. Lesiones en la cabeza o el cuello: Lesiones en la cabeza o el cuello, como traumatismos craneales o latigazos cervicales (un rápido movimiento hacia adelante y hacia atrás, similar al movimiento de un látigo), pueden causar tinnitus debido al daño a las estructuras del oído interno.
4. Lesiones mandibulares y bucales: Bruxismo o una mala coaptación de las piezas dentales que muevan y dañen la articulación temporo-mandibular.
5. Infecciones del oído: Las infecciones del oído, como la otitis media o la otitis externa, pueden causar inflamación en el oído interno, lo que puede provocar tinnitus temporal.
6. Trastornos del oído interno: Trastornos como la enfermedad de Menière, la laberintitis y el síndrome de la cóclea espontánea pueden causar tinnitus debido a problemas en las estructuras del oído interno.

Y los remedios médico se circunscriben a:

1. Terapia de sonido: La terapia de sonido implica el uso de sonidos suaves, como el ruido blanco o la música suave, para enmascarar el tinnitus y ayudar a distraer la atención del zumbido.

2. Terapia cognitiva conductual (TCC): La TCC puede ser útil para ayudar a las personas a cambiar sus respuestas emocionales y cognitivas al tinnitus, lo que puede reducir su percepción del zumbido.

3. Medicamentos: Algunos medicamentos, como los antidepresivos tricíclicos y los ansiolíticos, pueden ser recetados para ayudar a reducir la gravedad del tinnitus y mejorar la calidad de vida de las personas afectadas.

4. Aparatos auditivos: Para aquellos que tienen pérdida de audición además de tinnitus, el uso de aparatos auditivos puede ayudar a mejorar la audición y reducir la percepción del zumbido.

5. Tratamiento de condiciones subyacentes: Si el tinnitus es causado por una condición subyacente, como una infección del oído o un trastorno del oído interno, o una alteración en la articulación temporomandibular el tratamiento de esa condición puede ayudar a aliviar el tinnitus.

6. La estimulación del nervio vago que implica la entrega de impulsos eléctricos al nervio vago para modular la actividad neural en el sistema auditivo y reducir la percepción del zumbido.

Mas peligroso puede ser el sinnúmero de gurús promoviendo medicinas alternativas.

Con independencia de que yo soy una defensora de la **medicina holística**, de que nuestra farmacia dentro de lo posible deben ser los alimentos y de la capacidad de regeneración y rejuvenecimiento propio de todos los seres vivos, como he dejado constancia en mis tres anteriores libros, basados todos ellos en conocimientos científicos y en la fisiología del organismo humano:

- La Trinidad del Ser
- Las Horas Brujas: rejuvenécete a ti mismo
- El asesino silencioso

Esto no es óbice para alertar sobre un sinfín de teorías espurias que pueden producir daño irreparable en nuestro organismo tanto fisiológica como mentalmente.

Aquí no sirve la Ética de la Ignorancia, el conocimiento del intimo funcionamiento fisiológico de nuestro cuerpo forma parte del **Patrimonio Humano del Antropoceno**, que el hombre debe poseer como ser vivo. Debería ser la asignatura más importante en la enseñanza reglada, como lo debería ser el fomentar el uso y desarrollo de nuestras **Neuronas Espejo** para asegurar un grado de empatía suficiente en todo ser humano que finalmente nos permita entender cómo funciona el **Equilibrio Natural** y la recuperación de los seres vivos en la Tierra.

Estos conocimientos alejarían posibles manipulaciones del NOM, de las decisiones de la Élite o de cualquier otra situación que entendamos pueda afectarnos sobre qué inocular, cómo fumigar, qué contaminar, cómo controlar el cambio climático, cómo manipular insectos y animales, cómo crear lluvia...

Señores, estamos de lleno en el Antropoceno, no lo olviden.

CAPITULO 13: MANIPULACION SOCIAL.

Las **estrategias de manipulación social** son tácticas para influir en las percepciones, creencias y comportamientos de las personas en una sociedad determinada. Estas estrategias pueden ser empleadas por diversos actores, como gobiernos, empresas, medios de comunicación y grupos de interés, con el fin de promover sus propios intereses o AGENDAS (planes calculados) y son relevantes aquí por el grado de extensión e influencia que alcanzan en la Sociedad de la Información.

Dentro de las estrategias de manipulación social tenemos:

Propaganda: La propaganda es el uso sistemático de información, imágenes y mensajes para influir en las opiniones y actitudes de las personas hacia ciertas ideas, personas o grupos. Puede ser utilizada para promover agendas políticas, ideológicas o comerciales, y a menudo conlleva una simplificación excesiva de los problemas complejos y una manipulación de las emociones.

Desinformación y propaganda negra: La desinformación implica la difusión deliberada de información falsa o engañosa con el fin de confundir, engañar o influir en las personas. La **propaganda negra** es una forma extrema de desinformación que implica la difamación y la calumnia de personas o grupos con el fin de desacreditarlos.

Control de la información: El control de la información es una estrategia utilizada por regímenes autoritarios y gobiernos represivos para limitar el acceso a información independiente y crítica, y para promover una narrativa oficial. Esto puede implicar la censura de medios de comunicación, la represión de la libertad de expresión y el uso de propaganda estatal.

Manipulación emocional: La manipulación emocional implica el uso de tácticas destinadas a provocar emociones específicas en las personas, como miedo, ira o simpatía, con el fin de influir en sus opiniones y comportamientos. Esto puede involucrar el uso de discursos emotivos, imágenes impactantes o testimonios personales.

Creación de consenso: La creación de consenso es una estrategia que implica la promoción de una opinión o idea particular como si fuera ampliamente aceptada por la sociedad en su conjunto, incluso cuando puede no ser cierta. Esto puede lograrse a través de la <u>repetición</u> constante de un mensaje en los medios de comunicación, la manipulación de <u>encuestas de opinión</u> pública y el uso de <u>figuras de autoridad</u> para respaldar la idea.

División y polarización: La división y polarización son estrategias de discordia y confrontación entre grupos dentro de una sociedad. Esto puede incluir la promoción de <u>estereotipos negativos</u>, la exacerbación de conflictos existentes y la creación de divisiones artificiales entre grupos sociales.

Es importante ser consciente que estas estrategias de manipulación social <u>pueden ser amplificadas notablemente en el entorno digital (Redes e Inteligencia Artificial)</u> y hemos de estar alerta ante intentos de **influencia indebida** en nuestras percepciones y decisiones.

Las técnicas están tan extendidas que, seguro que a medida que íbamos repasando las estrategias, todos han podido encontrar ejemplo actuales de su uso. Una de las mas recientes ha sido la compra y desmembramiento de Twitter por Elon Musk que definía esta red como "un arma tecnológica de información de extrema izquierda", capaz de *bannear* (cerrar cuentas) a todo aquel que no comulgara con sus creencias. Elon la consideraba "un virus para la civilización que se propagaba suprimiendo otros puntos de vista".

Aquí es donde la ETICA DE LA IGNORANCIA tiene de nuevo importancia.

Si, asi es, es un requerimiento moral, que huye de la manipulación, y deliberadamente ignora imposiciones cuya ética muestra tener varias vertientes.

Dependemos del sentido común de los ciudadanos.

El pensamiento crítico, la búsqueda de fuentes de información confiables y la consideración de múltiples perspectivas pueden ayudar a contrarrestar la manipulación social y promover una sociedad más informada y democrática.

Hemos de saber calibrar adecuadamente aspectos como la RENTA BASICA UNIVERSAL, un salario de subsistencia que desincentiva el trabajo y la riqueza sustituyéndolo por Inteligencia Artificial-IA. Hemos de saber calibrar el sometimiento del ciudadano al MIEDO permanente en una Crisis Climática, Crisis Sanitaria, Crisis Económica, Guerra.., que acaba con su espíritu crítico en las Redes y hemos de saber calibrar que va a significar el CBDC o Central Bank digital currencies, es decir un sistema monetario basado en criptomonedas que ya no serán públicas como hasta ahora, sino dirigidas y gestionadas por los bancos centrales; esto permitirá establecer de forma global todo tipo de sistemas de penalización tales como el asociado al control de la huella de carbono etc., por el hecho de encontrarse totalmente centralizados.

De la misma manera hemos de calibrar adecuadamente la moda de querer achacar la CRISIS CLIMÁTICA a la Agricultura y Producción Alimentaria, bajo la premisa de que producen el 30% de los gases de efecto invernadero, e intentar sustituirla por carne sintética de laboratorio, por leche sintética con 92 moléculas desconocidos, por vegetales modificados genéticamente… obviamente en manos de la IA de las grandes multinacionales y … ¿también de la Élite?

Estamos en un momento delicado, necesitamos mucha responsabilidad moral, necesitamos **una gran dosis de ética** que nos permita "bypasear" cualquier tipo de manipulación social, desde el Kardashianismo del mundo (dinero, sexo, ropa, éxito, fama, belleza…) hasta otras técnicas de manipulación social ligada a otros nombres propios del tipo de:

Edward Bernays, padre de las relaciones públicas, pionero en manipulación psicológica para influir en las opiniones y comportamientos del público. Sus estrategias de propaganda hacia productos, políticas y eventos han influido profundamente en la publicidad y el marketing modernos.

Richard Nixon, con sus tácticas de "dividir y conquistar" y de explotación del miedo y ansiedad del público. El escándalo de Watergate, fue un intento de encubrimiento de actividades ilegales, y un ejemplo de cómo la manipulación puede llevar a consecuencias desastrosas.

Joseph Goebbels, responsable de la propaganda del régimen nazi y control de la información para manipular las opiniones públicas y promover la ideología nazi. Su técnica basada en el miedo y la insistencia sobre las masas para promover su efecto hipnótico es copiada hoy en día en la Red.

Alejandro Magno no es un nombre moderno, pero si un ejemplo histórico de cómo un líder utiliza propaganda y manipulación para consolidar su poder y expandir su imperio. Experto en carisma, en ego, en mesianismo, en retratarse a sí mismo como un líder divino y glorificar sus conquistas militares, consiguió el apoyo de sus seguidores y el control sobre vastos territorios gracias a su atractivo personal.

Roger Ailes, fundador y CEO de Fox News, experto en programación sesgada y sensacionalista, transformó el panorama mediático estadounidense y la polarización política, impulsó la narrativa conservadora y fomentó la división política, influyendo en las opiniones y actitudes de millones de espectadores.

Y particularmente las técnicas de manipulación enseñadas en la CIA que se basan en estimular las motivaciones primarias del ser humano expresadas como RICE o sea REWORD-IDEOLOGY-COERTION-EGO, es decir Premio, Ideología, Presión y Ego.

- PREMIO, es todo lo que quieres: Dinero, vacaciones, mujeres, alcohol…, la gente hace verdaderas locuras para conseguir estos premios, que en realidad como ya saben ustedes son un chute de dopamina. Es la tercera más potente.
- IDEOLOGIA, es en lo que crees: Igualmente las personas hacen locuras por lo que creen. Religión, familia, país… si te diriges a las personas bajo el escudo de

lo que creen pueden conseguir que hagan lo que quieras. <mark>Es la MAS POTENTE</mark>. Las personas se ofrecen voluntarias.

- COERCION, es todo lo negativo: Pena, remordimiento, chantaje… Cualquier cosa que hagas para forzar estos aspectos puede tener éxito. Pero, sin embargo, esta fuerza es la más débil para motivar y manipular una persona. Con esta técnica puede ser que manipules una vez, pero nunca vas a poder volver a manipular con ella por segunda vez.
- <mark>EGO</mark>, es todo lo que tiene que ver en cómo la persona se ve a si misma. Si conoces esto de una persona, cualquier cosas que la mejore tendrá éxito. El ego no tiene aquí un carácter negativo o narcisista, se trata de que puedas verte como tu deseas: un amante padre, un responsable trabajador, un aventurero, un terrateniente rico… <mark>Es la segunda más potente</mark>.

<mark>Influir en estas cinco pulsiones primitivas o primarias del ser humano asegura el éxito de una manipulación. No lo olvide.</mark>

Otros más religiosos lo ejemplifican asociándolo a los SIETE PECADOS CAPITALES:

- Soberbia: Es el exceso de amor propio que lleva a menospreciar a los demás y a considerarse superior a ellos.
- Avaricia: Se refiere a un deseo desmedido de poseer riquezas y bienes materiales, así como a la incapacidad de compartir lo que se tiene con los demás.
- Lujuria: Implica un deseo desordenado y excesivo de placer sexual, fuera del contexto del amor y la relación matrimonial.
- Ira: Es la pérdida del control emocional que lleva a la violencia, el resentimiento y la venganza.
- Gula: Se refiere al exceso en la alimentación y el consumo de comida, bebida u otros placeres, más allá de lo necesario para la nutrición y el bienestar físico.
- Envidia: Consiste en sentir resentimiento o tristeza por el bienestar, éxito o posesiones de los demás, y desear obtener lo que tienen a cualquier costo.
- Pereza: Se trata de la negligencia o la falta de voluntad para realizar el trabajo o las tareas necesarias, así como la falta de interés en el desarrollo personal o espiritual.

Y en el entorno español, he de reconocer que la motivación que produce la ENVIDIA tiene un gran peso específico. Como Oscar Wilde decía: "Cualquiera puede simpatizar con las penas de un amigo. Simpatizar con sus éxitos requiere una naturaleza delicadísima". Igualmente, el TRIBALISMO ligado a la ira con resentimiento y venganza es un potente manipulador.

Es interesante comparar el planteamiento de la CIA y el de la religión. El primero es positivo, todos los sentimientos que revuelve, excepto la fuerza coercitiva, son positivos y son conscientes que el único negativo es efectivo solo una vez. En cambio, lo único que la religión promueve son sentimientos negativos destructivos para uno mismo, que se manifiestan como un logro, cuando en realidad son una cadena personal.

Un MARKETING AUTENTICO y verdadero es aquel que ofrece un MENSAJE dirigido a la ideología o al ego de forma que consiga que las personas se manifiestan como voluntarias hacia el mensaje que se les ofrece. Es decir, se ven suficientemente <u>motivadas frente al mensaje</u> para tomar acción. Y esto se puede adornar con una NARRATIVA atractiva, una historia bonita, una historia convincente.

El Mensaje es la parte Emocional esencial, la Narrativa es la parte Lógica.

Asi se mueve el Mundo, a través de Mensajes e Historias bien narradas, que hoy en día le llegan por Internet y TV principalmente, ambas al alcance del móvil. Por eso debe ser capaz de dominar la tecnología y poner en funcionamiento la Ética de la Ignorancia cuando sea necesario. Estamos en sus manos.

AGENDA 2030

La Agenda Global 2030 incluye a los Objetivos de Desarrollo Sostenible (ODS), un conjunto de objetivos interrelacionados y ambiciosos establecidos por las **Naciones Unidas en 2015** como parte de la Agenda 2030 para el Desarrollo Sostenible. Estos objetivos proporcionan un plan integral para abordar los desafíos sociales, económicos y ambientales más urgentes que enfrenta el mundo, y están diseñados para ser alcanzados para el año 2030. Aquí hay una descripción general de los ODS y algunos de sus principales componentes:

1. Erradicación de la pobreza: El primer objetivo es poner fin a la pobreza en todas sus formas y dimensiones, incluida la pobreza extrema, la pobreza multidimensional y la desigualdad económica.
2. Hambre cero: El segundo objetivo busca poner fin al hambre, lograr la seguridad alimentaria, mejorar la nutrición y promover la agricultura sostenible.
3. Salud y bienestar: El tercer objetivo se centra en garantizar una vida saludable y promover el bienestar para todas las personas, en todas las edades.
4. Educación de calidad: El cuarto objetivo busca garantizar una educación inclusiva, equitativa y de calidad para todos, promoviendo oportunidades de aprendizaje permanente para todos.
5. Igualdad de género: El quinto objetivo se centra en lograr la igualdad de género y empoderar a todas las mujeres y niñas, eliminando la discriminación y la violencia de género.
6. Agua limpia y saneamiento: El sexto objetivo tiene como objetivo garantizar la disponibilidad y la gestión sostenible del agua y el saneamiento para todos.

7. Energía asequible y no contaminante: El séptimo objetivo busca garantizar el acceso a una energía asequible, fiable, sostenible y moderna para todos.

8. Trabajo decente y crecimiento económico: El octavo objetivo se centra en promover el crecimiento económico sostenido, inclusivo y sostenible, el empleo pleno y productivo y el trabajo decente para todos.

9. Industria, innovación e infraestructura: El noveno objetivo tiene como objetivo construir infraestructuras resilientes, promover la industrialización inclusiva y sostenible y fomentar la innovación.

10. Reducción de las desigualdades: El décimo objetivo busca reducir la desigualdad dentro de los países y entre ellos, promoviendo políticas inclusivas y protegiendo los derechos de las personas en situación de vulnerabilidad.

11. Ciudades y comunidades sostenibles: El undécimo objetivo se centra en hacer que las ciudades y los asentamientos humanos sean inclusivos, seguros, resilientes y sostenibles.

12. Producción y consumo responsables: El duodécimo objetivo busca promover patrones de producción y consumo sostenibles y eficientes.

13. Acción por el clima: El decimotercer objetivo se centra en tomar medidas urgentes para combatir el cambio climático y sus efectos.

14. Vida submarina: El decimocuarto objetivo busca conservar y utilizar de manera sostenible los océanos, los mares y los recursos marinos para el desarrollo sostenible.

15. Vida de ecosistemas terrestres: El decimoquinto objetivo tiene como objetivo proteger, restaurar y promover el uso sostenible de los ecosistemas terrestres, gestionar de forma sostenible los bosques, combatir la desertificación, detener e invertir la degradación de la tierra y detener la pérdida de biodiversidad.

16. Paz, justicia e instituciones sólidas: El decimosexto objetivo busca promover sociedades pacíficas e inclusivas para el desarrollo sostenible, proporcionar acceso a la justicia para todos y construir instituciones eficaces, responsables e inclusivas en todos los niveles.

17. Alianzas para lograr los objetivos: El decimoséptimo objetivo se centra en fortalecer los medios de implementación y revitalizar la asociación mundial para el desarrollo sostenible.

Estos objetivos están interconectados y abordan una amplia gama de desafíos globales, desde la pobreza y el hambre hasta la igualdad de género, la acción climática y la paz y la justicia.

Lograr estos objetivos requiere la colaboración y el compromiso de gobiernos, sector privado, sociedad civil y ciudadanos de todo el mundo.

CUARTA REVOLUCION INDUSTRIAL

102- La ética de la ignorancia: Ciencia o Postcast. Olga Ferrer 2024

El problema radica en la forma de implementar los mismos, apoyándose en una CUARTA REVOLUCION INDUSTRIAL también conocida como Industria 4.0.

La Cuarta Revolución Industrial viene determinada por la **convergencia de tecnologías digitales, físicas y biológicas**, que consiguen transformar fundamentalmente la forma en que vivimos, trabajamos y nos relacionamos. Determina cómo políticos, organismos internacionales, financieros, multinacionales y el NOM dictan los derroteros de los ciudadanos. Y muy fundamentalmente está cambiando los conocimientos mínimos para acceder a una actividad, ya que esta estará dirigida y realizada por máquinas que integraran computación cuántica, junto a IA y RV (realidad virtual).

Aquí tienes una descripción de algunos de los aspectos principales de la Cuarta Revolución Industrial:

Tecnologías disruptivas: La Cuarta Revolución Industrial está siendo impulsada por avances en tecnologías disruptivas como la inteligencia artificial, el Internet de las cosas (IoT), la robótica avanzada, la realidad aumentada, la computación en la nube, la biotecnología, la nanotecnología, la tecnología cuántica y la impresión 3D.

Estas tecnologías están cambiando la forma en que producimos bienes, ofrecemos servicios y nos relacionamos con el mundo que nos rodea.

Digitalización y conectividad: Uno de los aspectos clave de la Industria 4.0 es la digitalización de los procesos industriales y la creación de redes de dispositivos y sistemas interconectados a través del IoT (Internet of the Things, simplificando aparatos inteligentes conectados a Internet). Esto permite la recopilación y el intercambio de datos en tiempo real, lo que mejora la eficiencia operativa, la toma de decisiones y la personalización de productos y servicios, pero puede ser a expensas de perder la intimidad.

Fabricación avanzada: La Cuarta Revolución Industrial está dando lugar a la fabricación avanzada, que incluye tecnologías como la fabricación aditiva (impresión 3D), la fabricación automatizada y la fabricación flexible. Estas tecnologías permiten la producción de bienes altamente personalizados y adaptados a las necesidades individuales de los clientes, así como la optimización de los procesos de producción y la reducción de los costos de fabricación.

Cambio en el mercado laboral: La automatización y la digitalización están transformando el mercado laboral, con la aparición de nuevos empleos relacionados con la tecnología y la demanda de habilidades digitales y STEM (ciencia, tecnología, ingeniería y matemáticas). Al mismo tiempo, se espera que algunas tareas y roles sean reemplazados por sistemas automatizados, lo que plantea desafíos en términos de capacitación y recualificación de la fuerza laboral y por supuesto de los conocimientos que impartimos en Universisdades y centros de capacitación.

Impacto en la sociedad: La Cuarta Revolución Industrial tiene el potencial de tener un impacto significativo en la sociedad en áreas como la salud, la educación, la movilidad, el medio ambiente y la igualdad. Por un lado, ofrece oportunidades para abordar desafíos globales como el ==cambio climático, la pobreza y las enfermedades==. Pero también platea desafíos en términos de <u>privacidad de datos, seguridad cibernética</u>, desigualdad económica y acceso equitativo a la tecnología.

La Cuarta Revolución Industrial está marcada por la convergencia de tecnologías digitales, físicas y biológicas, transformando la forma en que vivimos y trabajamos. Está <u>impulsando la digitalización</u> de los procesos industriales, la creación de productos y <u>servicios altamente personalizados</u>, y la <u>reconfiguración</u> del <u>mercado laboral y la sociedad</u> en su conjunto.

Si comprobamos los consejos que los organismos del NOM indican que se han de poner en funcionamiento para alcanzar la agenda 2030, resultan algo preocupantes ya que especifican entre otros,

En la Industria agraria:

- Fomentar la investigación y el desarrollo de alternativas sostenibles a la producción tradicional de carne y lácteos, como la carne y la leche ==artificial producidas en laboratorio==. Productos sintéticos en los que masivamente invierten Bill Gates y Jeff Bezos.
- Incentivar la agricultura vertical y la producción de alimentos en interiores para aumentar la eficiencia de ==uso de la tierra y reducir la huella ambiental== de la agricultura. De hecho, Bill Gates (etiquetado como estafador codicioso monopolista, mesiánico y narcisista) ha invertido su fortuna en la Agenda 2030 y está promoviendo su radical oposición a la reforestación de la tierra usando palabras como "que plantar árboles es un completo sinsentido" el problema según él está en la industria agroalimentaria.
- Promover la producción y el ==consumo de insectos== comestibles como una fuente alternativa de proteínas, que requiere menos recursos naturales y produce menos emisiones de gases de efecto invernadero que la producción de carne tradicional. Insectos que por otra parte ya hemos visto como Bill Gates manipula con Oxitec, empresa de biotecnología británica que desarrolla e implementa tecnologías de modificación genética (MG) para reducir la transmisión de enfermedades transmitidas por mosquitos. Este enfoque crea una gran controversia y preocupación sobre posibles impactos ambientales y de salud pública, así como sobre cuestiones éticas relacionadas con la modificación genética de organismos vivos, particularmente aquellos que pueden inocular productos modificados como los mosquitos.

En las Criptomonedas:

- Desarrollar y lanzar Central Bank Digital Currencies (CBDCs), que son monedas digitales emitidas y respaldadas por bancos centrales, para facilitar transacciones más seguras, eficientes y transparentes.

- Establecer regulaciones claras y marcos legales para el uso de CBDCs, que garanticen la estabilidad del mercado, la protección del consumidor y la prevención del lavado de dinero y otras actividades ilícitas.
- Promover la ==adopción de CBDCs== a nivel nacional e internacional, mediante acuerdos de colaboración entre bancos centrales y organismos reguladores.

La guerra de la UE contra el efectivo y las transacciones anónimas es un esfuerzo que tendrá consecuencias. Aumenta nuestra dependencia de los bancos y potencia la vigilancia estatal sobre nuestras actividades financieras.

En la Renta básica:

- Implementar un programa de ==renta básica== de subsistencia que proporcione un ingreso garantizado a todos los ciudadanos por debajo de un cierto umbral de ingresos, con el objetivo de garantizar un nivel mínimo de bienestar y seguridad económica.
- Establecer criterios claros y transparentes para determinar la elegibilidad y el monto de la renta básica, teniendo en cuenta factores como el costo de vida, el ingreso per cápita y las necesidades básicas de cada individuo.
- Financiar la renta básica a través de impuestos progresivos, redistribución de recursos naturales y otros mecanismos de financiación equitativos que no afecten desproporcionadamente a los sectores más vulnerables de la sociedad.

==Y todo ello acompañado de la masiva PRIVATIZACION DEL AGUA.==

Algunos de los principios de la Agenda 2030 que han sido apoyados por la Fundación Gates incluyen:

Salud y Bienestar (Objetivo 3): La Fundación Gates ha invertido significativamente en programas de salud mundial, incluida la lucha contra enfermedades como el VIH/SIDA, la malaria, la poliomielitis y otras enfermedades infecciosas. También ha trabajado en la mejora de la salud materna e infantil, la nutrición y la salud reproductiva en países en desarrollo. De él han dependido las vacunas del COVID con RNA mensajero, y la manipulación genética de los mosquitos entre otras.

Hambre Cero (Objetivo 2): La Fundación Gates ha respaldado iniciativas para mejorar la seguridad alimentaria y combatir el hambre en todo el mundo. Esto incluye el apoyo a la investigación agrícola, la promoción de prácticas agrícolas sostenibles y el fortalecimiento de los sistemas alimentarios en países en desarrollo. De él han dependido los alimentos sintetizados in vitro. La Monsanto del Club Bilderberg de Bill Gates quiere monopolizar y convertir la producción agrícola y alimentaria mundial en un gran experimento genético, totalmente dependiente de sus semillas patentadas. La

Fundación Rockefeller financia la llamada «Revolución Verde«, cuyo supuesto fin era alimentar a los pobres del mundo y los alimentos genéticamente modificados desde su inicio.

Educación de Calidad (Objetivo 4): La Fundación Gates ha invertido en proyectos educativos que buscan mejorar el acceso a una educación de calidad y equitativa en todo el mundo. Esto incluye el apoyo a programas de alfabetización, el desarrollo de recursos educativos y la mejora de la capacitación docente promoviendo el "Next Generation Learning" o las enseñanzas para la próxima generación. La panacea son los videos cortos de 15 minutos; ¿cómo se diferencia esto de los postcasts? la pregunta vuelve al núcleo del libro: **Ciencia o Postcasts** y su impacto en la juventud. No olvide todo lo que ha aprendido hasta ahora y compruebe que, en el contexto del aprendizaje de próxima generación, los podcasts cumplen funciones claves:

1. Accesibilidad: los podcasts brindan acceso bajo demanda a contenido educativo, lo que permite a los alumnos interactuar con los materiales a su propio ritmo y según su propio horario. Esta flexibilidad hace que el aprendizaje sea más accesible para personas con diversas necesidades y preferencias.

2. Aprendizaje multimodal: los podcasts ofrecen una experiencia de aprendizaje multimodal al combinar contenido de audio con imágenes, texto y otros elementos multimedia. Este enfoque multimodal atrae diferentes estilos de aprendizaje y mejora la comprensión y retención de información.

3. Compromiso: los podcasts pueden captar la atención de los alumnos y estimular el interés en una amplia gama de temas a través de narraciones interesantes, entrevistas, debates y contenido interactivo. Esto ayuda a mantener la motivación del alumno y fomenta la participación activa en el proceso de aprendizaje.

4. Personalización: los podcasts permiten experiencias de aprendizaje personalizadas al permitir a los alumnos elegir contenido que se alinee con sus intereses, metas y objetivos de aprendizaje. Los estudiantes pueden suscribirse a podcasts adaptados a sus necesidades y preferencias específicas, creando un camino de aprendizaje personalizado.

5. Aprendizaje permanente: los podcasts apoyan el aprendizaje permanente al proporcionar una plataforma conveniente y accesible para la educación continua y el desarrollo de habilidades. Los estudiantes pueden explorar nuevos temas, mantenerse informados sobre las tendencias emergentes y profundizar su conocimiento y experiencia en diversos dominios.

6. Creación de comunidad: los podcasts fomentan un sentido de comunidad entre los estudiantes al facilitar conexiones con educadores, expertos y pares. Los presentadores de podcasts suelen interactuar con los oyentes a través de comentarios, sesiones de preguntas y respuestas y foros en línea, creando oportunidades para el aprendizaje colaborativo y el intercambio de conocimientos.

7. Recursos de aprendizaje complementarios: los podcasts complementan los recursos educativos tradicionales, como libros de texto, conferencias y cursos

en línea, al ofrecer perspectivas, conocimientos y materiales complementarios adicionales. Los alumnos pueden utilizar podcasts para reforzar los conceptos de aprendizaje, explorar temas relacionados con más profundidad y acceder a puntos de vista alternativos.

Agua Limpia y Saneamiento (Objetivo 6): La Fundación Gates ha financiado programas para mejorar el acceso al agua potable y al saneamiento básico en comunidades rurales y urbanas en todo el mundo. Esto incluye la inversión en tecnologías innovadoras y **prácticas de gestión del agua**.

PRIVATIZACION DEL AGUA

Dentro del sector agrario, el control y la propiedad del agua por parte de grandes multinacionales es un tema controvertido y complejo que plantea importantes desafíos en términos de equidad, seguridad alimentaria y sostenibilidad ambiental. Aquí hay algunos puntos a considerar:

Privatización del agua: En muchos lugares, <mark>el acceso al agua se ha privatizado</mark>, lo que significa que las empresas pueden comprar derechos de agua y controlar su distribución y uso. Esto puede tener ventajas en términos de eficiencia y gestión del recurso, pero también plantea preocupaciones sobre la equidad y el acceso equitativo al agua, especialmente para las comunidades rurales y marginadas que dependen del agua para la agricultura y el consumo humano.

Monopolio de las multinacionales: Algunas grandes multinacionales, especialmente en el sector agrícola, han adquirido derechos de agua y tierras para desarrollar grandes proyectos agrícolas, como plantaciones de cultivos intensivos. Esto puede conducir a un control excesivo del agua por parte de unas pocas empresas, lo que limita el acceso de los pequeños agricultores y las comunidades locales a este recurso vital.

Impacto en el medio ambiente: El control privado del agua puede tener consecuencias negativas para el medio ambiente, ya que las empresas pueden priorizar el lucro sobre la sostenibilidad. Esto puede dar lugar a la sobreexplotación de los recursos hídricos, la contaminación del agua con productos químicos agrícolas y la degradación de los ecosistemas acuáticos.

Seguridad alimentaria: La privatización del agua y el control por parte de grandes multinacionales también plantea preocupaciones sobre la seguridad alimentaria, ya que puede reducir la disponibilidad de agua para la agricultura de subsistencia y aumentar la dependencia de las importaciones de alimentos. Esto puede tener consecuencias negativas para la autonomía alimentaria de los países y las comunidades locales.

Regulación y gobernanza: Es importante establecer marcos regulatorios sólidos y mecanismos de gobernanza efectivos para garantizar un uso sostenible y equitativo del agua en la agricultura. Esto puede incluir políticas de asignación de agua basadas en criterios de equidad y sostenibilidad, así como mecanismos de participación y consulta con las comunidades locales y los pueblos indígenas afectados.

El control y la propiedad del agua por parte de grandes multinacionales que es un hecho en la industria agraria plantea desafíos significativos en términos de equidad, sostenibilidad y seguridad alimentaria. Es fundamental abordar estas cuestiones mediante políticas y acciones que garanticen el acceso equitativo al agua, protejan los derechos de las comunidades locales y promuevan un uso sostenible del recurso hídrico en la agricultura.

En España, sin ir más lejos, los 162 manantiales que explotan un centenar de compañías proporcionan al sector de las bebidas una fuente de ingresos clara y constante. Seis multinacionales acaparan la mayoría de la tarta: por este orden, Font Vella y Lanjarón (Danone), Bezoya (Grupo Leche Pascual), Aquarel (Nestlé), Solan de Cabras (Mahou-San Miguel), Font Natura y Fuente Primavera (del grupo italiano San Benedetto) y Aquabona (Coca-Cola).

- Font Vella y Lanjarón (Danone): Font Vella es conocida por su manantial en el Parque Natural de la Sierra de Mariola, en la provincia de Alicante, mientras que Lanjarón proviene de un manantial en el Parque Nacional de Sierra Nevada, en la provincia de Granada.
- Bezoya (Grupo Leche Pascual): El agua Bezoya proviene de manantiales ubicados en la Sierra de Guadarrama, en la Comunidad de Madrid.
- Aquarel (Nestlé): La marca Aquarel de Nestlé obtiene agua de diversos manantiales en España, aunque no se especifica una ubicación específica.
- Solan de Cabras (Mahou-San Miguel): Solan de Cabras proviene de un manantial situado en Beteta, en la provincia de Cuenca, conocido por sus aguas minerales.
- Font Natura y Fuente Primavera (San Benedetto): Estas marcas pertenecen al grupo italiano San Benedetto, que obtiene agua de varios manantiales en España, aunque no se proporcionan ubicaciones específicas.
- Aquabona (Coca-Cola): Coca-Cola embotella el agua de Aquabona, cuya procedencia puede variar según la región, pero generalmente se obtiene de diversos manantiales en España.

Los recursos naturales: el agua, el sol, el aire, las semillas, los insectos, el mar… no pueden privatizarse.

Estos son solo algunos ejemplos de aspectos más concretos relacionados con los temas mencionados. Es importante tener en cuenta que la implementación de políticas específicas puede variar según el contexto político, económico y social de cada país, y es fundamental considerar el impacto a largo plazo y la sostenibilidad de estas medidas, pero, sobre todo, como indicamos al inicio de este capítulo, la manipulación social que puede representar.

GUERRA DE QUINTA GENERACIÓN

Algunos autores han llegado al extremo de postular que nos estamos viendo sometidos a la mayor campaña de propaganda masiva, harmonizada y coordinada que ha sufrido el mundo occidental. Que los gobiernos utilizan sus propios ciudadanos como campo de operaciones para una control militar de operaciones psicológicas, tácticas estratégicas, tecnologías y sistemas desarrollados para el moderno combate militar. En resumen, estamos en una **Guerra de Quinta Generación** de tipo propagandístico amplificado por Internet y sus Redes, ya que el campo de batalla es la mente del ciudadano.

La "Guerra de Quinta Generación" es un concepto que se ha discutido en los ámbitos militares y académicos, aunque su definición exacta y su aplicación práctica pueden variar según el contexto y los expertos que lo utilicen.

Vamos a revisar una descripción general de este concepto:

- **Origen y Evolución**: El término "Guerra de Quinta Generación" surge como una extensión del concepto de "generaciones de guerra" que busca describir la evolución de los conflictos armados a lo largo del tiempo. Se considera que cada generación representa un cambio significativo en las tácticas, estrategias y tecnologías utilizadas en la guerra.
- **Características**: Aunque las características exactas pueden variar, la "Guerra de Quinta Generación" se distingue típicamente por el uso extensivo de tecnologías de información y comunicación, así como tácticas no convencionales. Se centra en la guerra asimétrica, donde los actores no estatales y las fuerzas irregulares pueden desempeñar un papel crucial.
- **Enfoque en lo No Lineal**: A diferencia de las guerras convencionales, la Guerra de Quinta Generación a menudo se caracteriza por su naturaleza no lineal. Esto significa que los actores involucrados pueden utilizar una variedad de tácticas no convencionales, como la propaganda, la ciberguerra, la desinformación, el terrorismo y la guerra psicológica, en lugar de confiar exclusivamente en el poder militar convencional.
- **Énfasis en el Entorno Informacional**: Una de las características clave de la Guerra de Quinta Generación es su énfasis en el entorno informacional. Esto implica el uso estratégico de la información y la manipulación de la opinión pública tanto a nivel nacional como internacional, utilizando medios de comunicación, redes sociales y otros canales para influir en la percepción y el apoyo hacia ciertos objetivos.
- **Adaptabilidad y Flexibilidad:** Los actores en la Guerra de Quinta Generación suelen ser altamente adaptativos y flexibles, aprovechando las debilidades y vulnerabilidades de sus oponentes. Esto puede implicar el uso de tácticas asimétricas, como la guerra de guerrillas, para contrarrestar las ventajas convencionales de un adversario.
- **Desafíos y Controversias**: La naturaleza cambiante y adaptable de la Guerra de Quinta Generación presenta desafíos significativos para los estados y las instituciones militares, que a menudo están estructurados para enfrentarse a amenazas más convencionales. Además, la distinción entre combatientes y no combatientes puede volverse borrosa en este tipo de conflicto, lo que plantea dilemas éticos y legales.

Es decir, la Guerra de Quinta Generación representa una evolución en la forma en que se llevan a cabo los conflictos armados, con un enfoque en la guerra asimétrica, el uso extensivo de tecnologías de la información y comunicación, y la manipulación del entorno informacional, con independencia de que a ella se unan lo que la opinión pública identifica como clásica guerra en Ucrania, Palestina...

Los conflictos bélicos actuales pueden presentar una superposición de características asociadas con la Guerra de Quinta Generación, así como elementos más tradicionales de la guerra convencional. Aquí hay algunos ejemplos de cómo estos elementos pueden superponerse en conflictos contemporáneos:

- Guerra Asimétrica: Muchos conflictos actuales involucran a actores estatales y no estatales que poseen recursos militares y capacidades muy diferentes. Por ejemplo, en el conflicto en Ucrania, vemos una combinación de fuerzas militares regulares, grupos rebeldes respaldados por estados externos y milicias locales. Este tipo de configuración crea un ambiente propicio para la guerra asimétrica, donde los actores más débiles pueden recurrir a tácticas no convencionales, como la guerrilla, el terrorismo y la guerra psicológica, para contrarrestar las fuerzas convencionales.
- Tecnologías de la Información y Comunicación: En muchos conflictos contemporáneos, las tecnologías de la información y la comunicación desempeñan un papel crucial en la propagación de la propaganda, la manipulación de la opinión pública y la coordinación de actividades militares. Por ejemplo, en el conflicto en Siria, las redes sociales y otros medios de comunicación han sido utilizados por todas las partes involucradas para difundir información, desinformación y para reclutar y movilizar combatientes.
- Manipulación del Entorno Informacional: La manipulación del entorno informacional es una característica común en muchos conflictos actuales. Por ejemplo, en el conflicto entre Israel y Palestina, tanto los grupos palestinos como el gobierno israelí han utilizado los medios de comunicación y las redes sociales para influir en la percepción pública y justificar sus acciones ante la comunidad internacional. Esto incluye la difusión de imágenes y testimonios que buscan generar simpatía hacia su causa y demonizar al adversario en un clásico binomio "True or Fake".
- Elementos de Guerra Convencional: A pesar de la presencia de características de la Guerra de Quinta Generación, muchos conflictos contemporáneos también incluyen elementos de guerra convencional, como enfrentamientos militares directos, operaciones terrestres y aéreas, y el uso de armamento pesado. Por ejemplo, en el conflicto en Yemen, vemos enfrentamientos entre fuerzas gubernamentales y grupos rebeldes que incluyen batallas convencionales por el control de territorios estratégicos.

La combinación de un clásico entorno bélico con elementos asociados con la Guerra de Quinta Generación, como la guerra asimétrica, el uso de tecnologías de la información y la manipulación del entorno informacional crea una compleja mezcla de tácticas y estrategias puede hacer que estos conflictos sean especialmente desafiantes de abordar y resolver. Y no esta de más preguntarse si las generaciones ahora mismo en el poder están preparados para ella.

Mientras, nuestros JÓVENES están volcados en seguir los Postcast y las Redes, disfrutando con las "Historias Dopaminérgicas", mientras los ADULTOS (y no se rían) distantes de la Sociedad de la Información están volcados en asegurar que la progresiva digitalización no les conduzca a "estafas que dilapiden sus ahorros", si es que los tienen. Como queremos que se relajen, para que puedan enfocarse en problemas de más envergadura, les traemos a continuación las 26 estafas identificadas hasta ahora, de forma que puedan ser conscientes si se encuentran con alguna de ellas.

ESTAFAS DIGITALES

En la sociedad digital no solo tratamos de los grandes principios políticos y geopolíticos que afectaran a la calidad de vida en la Tierra en general, sino que a nivel personal aparece un sinnúmero de riesgos a los que ha de enfrentase el ciudadano y que se han multiplicado exponencialmente amparándose en el analfabetismo digital y la manipulación social. Por eso se nos hace imprescindible conocer cuales pueden ser y como se refieren a ellos las nuevas nomenclaturas digitales.

Recogemos aquí un total de 25 tipos de estafa que circulan en las redes o que pueden alcanzarte a través del teléfono y los accesos digitales, desde el spoofing hasta el secuestro virtual o los requerimientos judiciales falsos.

1. **El spoofing** (o suplantación de identidad) es un ciberataque que se produce cuando un estafador se hace pasar por un remitente de confianza para acceder a datos o información importantes. El spoofing puede producirse a través de sitios web, correos electrónicos, llamadas telefónicas, textos, direcciones IP y servidores.

Por lo general, el objetivo principal de la suplantación de identidad es acceder a información personal, robar dinero, saltarse los controles de acceso a una red o propagar malware a través de archivos adjuntos o enlaces infectados.

2. **Phishing**: El phishing es una técnica utilizada por estafadores para obtener información personal y confidencial, como contraseñas, números de tarjetas de crédito o información bancaria, haciéndose pasar por entidades legítimas en correos electrónicos, mensajes de texto o sitios web falsos.

3. **Fraude de soporte técnico**: Esta estafa implica que los estafadores se hacen pasar por empleados de soporte técnico de una empresa legítima, como Microsoft o Apple, y contactan a las personas para informarles sobre problemas de seguridad en sus computadoras. Luego, intentan convencer a las

víctimas para que les den acceso remoto a sus dispositivos o les proporcionen información personal y financiera.

4. **Estafa de inversión**: Las estafas de inversión involucran a estafadores que prometen rendimientos financieros significativos a través de oportunidades de inversión fraudulentas, como esquemas piramidales, esquemas Ponzi o criptomonedas falsas.

5. Fraude de lotería: En esta estafa, las víctimas reciben un correo electrónico o una llamada telefónica informándoles que han ganado una lotería internacional o un premio en efectivo. Para reclamar el premio, se les pide que proporcionen información personal o realicen pagos por adelantado para cubrir supuestos impuestos o tarifas de procesamiento.

6. **Fraude de romance o romance scam**: Esta estafa implica a estafadores que establecen relaciones románticas falsas en línea con el objetivo de extorsionar dinero o información personal de las víctimas. Los estafadores suelen ganarse la confianza de las víctimas a través de mensajes románticos y luego les piden dinero para cubrir emergencias médicas, viajes u otras necesidades.

7. **Ransomware:** El ransomware es un tipo de software malicioso que infecta los sistemas informáticos y cifra los archivos de la víctima, impidiendo su acceso. Los estafadores luego exigen un rescate a cambio de proporcionar la clave de cifrado necesaria para restaurar los archivos.

8. **Fraude de venta en línea:** Esta estafa implica la venta de productos o servicios falsos en línea a través de sitios web fraudulentos o anuncios engañosos. Las víctimas pueden realizar pagos por adelantado y nunca recibir los productos comprados o recibir productos de baja calidad.

9. **Fraude de tarjeta de crédito o débito:** Esta estafa implica el uso no autorizado de información de tarjetas de crédito o débito para realizar compras fraudulentas en línea o en persona. Los estafadores pueden obtener información de tarjetas de crédito robando carteras, interceptando correos electrónicos o utilizando dispositivos de skimming en cajeros automáticos y terminales de pago.

10. **Fraude de envío y reembolso**: En esta estafa, los estafadores realizan compras en línea utilizando información de tarjetas de crédito robadas o falsas y luego solicitan un reembolso al vendedor. Una vez que reciben el reembolso, cancelan el pago original, lo que resulta en una pérdida para el vendedor.

11. **Estafa de correo electrónico de CEO o BEC** (Business Email Compromise): En esta estafa, los estafadores se hacen pasar por ejecutivos de una empresa legítima y envían correos electrónicos falsificados a empleados o socios comerciales solicitando transferencias de fondos o información confidencial. Estas estafas pueden resultar en grandes pérdidas financieras para las organizaciones afectadas.

12. **Fraude de préstamos o adelantos:** Esta estafa implica la promesa de préstamos rápidos o adelantos de efectivo a través de sitios web o correos electrónicos falsos. Los estafadores suelen requerir que las víctimas paguen tarifas por

adelantado o proporcionen información personal y financiera antes de recibir el préstamo prometido, que nunca se materializa.

13. **Fraude de pago por adelantado:** En este tipo de estafa, los estafadores convencen a las víctimas de que paguen por bienes o servicios por adelantado, pero nunca entregan los productos prometidos. Esto puede ocurrir en transacciones en línea, como la compra de boletos, productos electrónicos o productos de segunda mano.

14. **Estafa de donaciones caritativas falsas:** Esta estafa implica la creación de campañas de donaciones caritativas falsas en línea que aprovechan eventos de actualidad, desastres naturales o tragedias para solicitar donaciones. Los estafadores pueden crear sitios web falsos o enviar correos electrónicos fraudulentos para engañar a las personas y robar su dinero.

15. **Webs clonadas o phishing de sitios web:** Esta estrategia implica la creación de sitios web falsos que imitan la apariencia y la funcionalidad de sitios web legítimos de bancos o servicios financieros o de suministros. Los estafadores pueden enviar correos electrónicos que contienen enlaces a estas webs clonadas y engañar a las personas para que ingresen su información financiera confidencial, que luego es capturada por los estafadores.

16. **Ingeniería social:** Esta técnica implica el uso de engaños y manipulación psicológica para persuadir a las personas para que revelen información confidencial o realicen acciones que beneficien a los estafadores. Los correos electrónicos bancarios falsos pueden incluir tácticas de ingeniería social, como la urgencia falsa, la amenaza de consecuencias negativas (cierre del gas o la luz por falta de pago) o la promesa de recompensas, para convencer a las personas de que revelen información financiera.

17. **Fraude de emergencia familiar**: En este tipo de estafa, los estafadores se hacen pasar por un miembro de la familia, como un hijo, una hija, un hermano o una hermana, y afirman estar en una situación de emergencia. Pueden afirmar que están en problemas financieros, que han sido arrestados, que han sufrido un accidente o que han perdido su teléfono móvil, y solicitar ayuda económica urgente.

18. **Estafa de secuestro virtual:** En este tipo de estafa, los estafadores llaman a la víctima y afirman haber secuestrado a un miembro de su familia, como un hijo o una hija. Utilizan tácticas de intimidación y manipulación para asustar a la víctima y exigir un rescate inmediato. A menudo, la víctima escucha gritos o llantos en el teléfono para hacer que la amenaza parezca más creíble.

19. **Fraude de robo o pérdida de pertenencias**: En este tipo de estafa, los estafadores llaman a la víctima y afirman haber encontrado o robado las pertenencias de un familiar, como su teléfono móvil, billetera o bolso. Pueden afirmar que necesitan dinero para devolver las pertenencias o que la víctima debe enviarles dinero para cubrir los costos de envío o almacenamiento de los objetos perdidos.

20. **Fraude de inversión en emergencia:** En este tipo de estafa, los estafadores llaman a la víctima y afirman ser un familiar en apuros financieros que necesita

dinero urgentemente para resolver una situación de emergencia, como una deuda, una multa o un problema legal. Pueden utilizar tácticas de manipulación emocional y urgencia para persuadir a la víctima para que envíe dinero de inmediato.

21. **WhatsApp suplantación.** Los delincuentes utilizan tu número de teléfono para crear una cuenta de WhatsApp y lógicamente el código de respuesta lo envían a tu mail o movil. Se las agencian para llamar inmediatamente para que les digas por favor el código que acabas de recibir. Asi se dan de alta en tu WhatsApp piratean tu contactos, se comunican con ellos etc...

22. **Wangini.** Esta estafa consiste en que te llamen y cuelguen antes de que contestes. Tu devuelves la llamada para saber quien ha sido y el número que llamas es de tarificación especial, ósea, carísimo y por tiempo. Ellos descuelgan y no contestan, cuanto más tiempo pasa más te cobrarán.

Los fraudes de multas falsas o requerimientos judiciales falsos se clasifican típicamente dentro de la categoría de "fraude legal" o "fraude judicial". Estas estafas implican el uso de tácticas fraudulentas para hacer que las personas paguen multas ficticias, supuestos impuestos atrasados o para extorsionar dinero bajo la amenaza de acción legal o arresto. Aquí hay algunas características clave de estas estafas:

23. **Multas falsas:** Los estafadores pueden contactar a las personas por teléfono, correo electrónico o correo postal, afirmando que han recibido una multa por una supuesta infracción de tráfico u otro delito menor. Pueden amenazar con acciones legales o arresto si no se paga la multa de inmediato. En algunos casos, los estafadores incluso pueden utilizar detalles personales de la víctima para hacer que la amenaza parezca más creíble.

24. **Requerimientos judiciales falsos:** En estas estafas, los estafadores se hacen pasar por funcionarios judiciales, como jueces, abogados o empleados de tribunales, y afirman que la víctima tiene una deuda pendiente o ha violado la ley de alguna manera. Pueden amenazar con acciones legales inmediatas, como la emisión de una orden de arresto, si la víctima no paga la deuda o proporciona información personal y financiera.

25. **Fraude de impuestos atrasados:** Los estafadores pueden afirmar que la víctima tiene impuestos atrasados o deudas fiscales pendientes y amenazar con acciones legales, como embargos de cuentas bancarias o confiscación de propiedades, si no se paga la deuda de inmediato. Pueden solicitar el pago mediante transferencias bancarias, tarjetas de regalo o criptomonedas para evitar la detección.

26. **Amenazas de arresto:** En estas estafas, los estafadores pueden amenazar con arrestar a la víctima si no se cumple con sus demandas, como el pago de multas falsas o la entrega de información personal y financiera. Pueden utilizar tácticas de intimidación y urgencia para presionar a la víctima para que actúe rápidamente y evite el arresto.

Estas estafas pueden ser especialmente preocupantes porque los estafadores a menudo utilizan <u>tácticas de manipulación emocional</u> y urgencia para asustar a las víctimas y hacer que actúen impulsivamente sin verificar la autenticidad de las demandas.

Es importante tener en cuenta que las agencias gubernamentales y los tribunales legítimos NUNCA exigirán pagos inmediatos por teléfono, correo electrónico o mensaje de texto, ni solicitarán información financiera confidencial de esta manera. Siempre es prudente ==verificar la autenticidad de cualquier solicitud== legal o de pago antes de tomar medidas.

DISPOSITIVOS PARA ESTAFAS

Los dispositivos para estafas digitales son también un nuevo mundo, solo entendible para los que se preocupan de documentarse sobre el mundo digital. Por ello te listamos aquí algunos de los que conocemos, con el convencimiento de que deben haber mas que no conocemos.

1. **<u>Los dispositivo de skimming</u>** es un dispositivo electrónico diseñado para robar información de tarjetas de crédito o débito cuando se utilizan en cajeros automáticos, terminales de punto de venta (TPV) u otros dispositivos de pago. El skimming es una técnica utilizada por estafadores para capturar los datos de la banda magnética de una tarjeta, que luego pueden ser utilizados para realizar transacciones fraudulentas o clonar la tarjeta.

El dispositivo de skimming se coloca generalmente sobre el lector de tarjetas legítimo y puede ser difícil de detectar para el usuario promedio. Puede estar equipado con una pequeña cámara oculta para grabar el ingreso del PIN del usuario. Una vez que el usuario introduce su tarjeta en el lector comprometido, el dispositivo de skimming captura los datos de la banda magnética de la tarjeta, mientras que la cámara oculta graba el PIN. Los estafadores pueden luego utilizar esta información para realizar compras fraudulentas o clonar la tarjeta.

Además de los dispositivos de skimming instalados físicamente en cajeros automáticos o TPV, también existen aplicaciones de skimming para teléfonos inteligentes y dispositivos portátiles que pueden escanear y robar información de tarjetas de crédito en situaciones cotidianas, como pagar en un restaurante o en una tienda.

Algunas medidas para protegerse contra el skimming incluyen:

Inspeccionar el dispositivo de pago en busca de signos de manipulación o dispositivos adicionales.

Cubrir el teclado al ingresar el PIN para evitar que una cámara oculta capture el código.

Utilizar métodos de pago seguros, como aplicaciones móviles de pago o tarjetas con tecnología de chip y PIN.

Monitorear regularmente los estados de cuenta y transacciones para detectar actividades sospechosas.

El skimming es solo una de las muchas tácticas utilizadas por los estafadores para robar información financiera. Otros métodos incluyen phishing, malware, fraudes de correo electrónico y más. Es importante estar alerta y tomar precauciones al utilizar dispositivos de pago y compartir información financiera en línea.

Otros dispositivos específicos que los estafadores pueden utilizar como parte de sus esquemas fraudulentos son los siguientes:

2. **Dispositivos de clonación de tarjetas:** Estos dispositivos son capaces de copiar la información de la banda magnética de una tarjeta de crédito o débito legítima y almacenarla en una tarjeta en blanco. Los estafadores pueden utilizar estos dispositivos para clonar tarjetas robadas y realizar transacciones fraudulentas.

3. **Keyloggers**: Los keyloggers son dispositivos o programas informáticos diseñados para registrar las pulsaciones de teclas de un usuario en un teclado. Los estafadores pueden instalar keyloggers en dispositivos de punto de venta (TPV) o en cajeros automáticos para capturar los números de PIN de las tarjetas de crédito o débito de los usuarios.

4. Dispositivos de skimming para cajeros automáticos: Estos dispositivos se colocan sobre el lector de tarjetas de un cajero automático y pueden capturar la información de la banda magnética de las tarjetas de crédito o débito de los usuarios cuando se insertan en el lector. Los estafadores también pueden utilizar cámaras ocultas para grabar los números PIN mientras los usuarios los ingresan en el teclado del cajero automático.

5. **Dispositivos de robo de información inalámbrica**: Algunos estafadores utilizan dispositivos de robo de información inalámbrica para interceptar las señales de radiofrecuencia emitidas por las tarjetas de crédito o débito habilitadas para NFC (Near Field Communication) cuando se utilizan para realizar pagos sin contacto. Estos dispositivos pueden capturar la información de la tarjeta y permitir a los estafadores realizar transacciones fraudulentas.

6. **Dispositivos de manipulación de puntos de venta:** Los estafadores pueden utilizar dispositivos que se conectan al puerto USB o al lector de tarjetas de un TPV para interceptar y alterar las transacciones de pago. Estos dispositivos pueden modificar los datos de la tarjeta de crédito o débito durante una

transacción, lo que permite a los estafadores robar información financiera o realizar transacciones fraudulentas.

Estos son solo algunos ejemplos de dispositivos específicos que los estafadores pueden utilizar como parte de sus esquemas fraudulentos.

LO IMPORTANTE

Es importante estar alerta y tomar precauciones adicionales al utilizar dispositivos de pago y compartir información financiera en línea para protegerse contra el fraude.

Pero, lo que es más importante es lo que ha aprendido en este libro. Hemos desarrollado su intelecto, no se puede decir que ahora sea usted un técnico de las redes digitales, pero lo que si le hemos desarrollado es su entendimiento y su intuición en la Sociedad de la Información (SI).

Le hemos dado herramientas éticas para usar la ignorancia y herramientas éticas para usar el conocimiento.

Con esto, usted está mejor preparado que muchos de los ciudadanos de a pie, para abordar cualquier problema en la SI. Téngalo presente y póngalo en práctica en su entorno, en su familia, en su trabajo, en su ciudad, en su país, y en el mundo si es necesario. Ya que una mayoría desinformada siempre pierde frente a la minoría informada.

Aunque también esperamos que durante su lectura hayan podido divertirse, engancharse en historias dopaminérgicas e imbuirse de criterios éticos que los ayuden en el futuro a usted y a su entorno.

En fin, espero que le haya quedado claro el mensaje, a pesar de la narrativa acompañante.

119- La ética de la ignorancia: Ciencia o Postcast. Olga Ferrer 2024

CONCLUSION

En "La Ética de la Ignorancia: Ciencia o Podcasts", hemos explorado una amplia gama de temas que van desde la ética digital hasta la manipulación social y la evolución de la tecnología en la sociedad moderna. A lo largo de estas páginas, hemos examinado cómo la ignorancia puede ser tanto un obstáculo como una herramienta en un mundo impulsado por la información y la tecnología.

Nuestro viaje se inició explicando el "primado negativo", y cómo la ignorancia se alía con la ética. A lo largo de los capítulos, exploramos el acceso a un sinfín de teorías, violencia, lenguajes e imágenes que no mejora nuestro conocimiento, sino que lo embrutecen.

En el proceso de bombardeo continuo de información y estímulos, hemos de comprender a qué se enfrenta la juventud digital para poder ayudarla. Desde la guerra de los mundos hasta la era de las criptomonedas y la dark web, hemos visto cómo la tecnología puede ser utilizada para controlar, desinformar y explotar a las personas.

Sin embargo, también hemos explorado cómo la tecnología puede ser una fuerza para el bien, desde la cooperación y la solidaridad en línea, hasta la democratización del conocimiento a través de la información digital. Reconocemos que la ética juega un papel fundamental en la forma en que utilizamos y nos relacionamos con la tecnología, y que debemos esforzarnos por ser conscientes de las implicaciones éticas de nuestras acciones en línea y fuera de ella, hasta el extremo de considerar que los servicios de ética son esenciales en los entornos de IA como hemo visto en Medicina.

En última instancia, "La Ética de la Ignorancia" nos desafía a reflexionar sobre nuestra relación con la tecnología y el papel que desempeña en nuestras vidas. Nos insta a cuestionar nuestras suposiciones, a desafiar la información que se nos presenta y a buscar la verdad más allá de las narrativas superficiales. En un mundo cada vez más interconectado y digitalizado, la ética y la consciencia son más importantes que nunca, y es nuestra responsabilidad como individuos y como sociedad garantizar que utilicemos la tecnología de manera ética y responsable.

AGRADECIMIENTOS

A mis amigos, compañeros, alumnos que han permitido que me interese por los temas de la Sociedad de la Información y me han acompañado en su descubrimiento.

DESCARGO DE RESPONSABILIDADES

La mayoría de las imágenes son creaciones de IA por DALL-e, aunque algunas de las imágenes utilizadas en este libro, "La ética de la ignorancia: ciencia o podcasts", fueron obtenidas de Internet y no han sido autorizadas ni respaldadas por los propietarios de los derechos de autor para ser incluidas como ejemplo de enseñanza y con fines didácticos. El autor no ofrece ninguna representación o garantía en cuanto a la precisión, integridad o validez de la información contenida en el libro y no acepta ninguna responsabilidad por el uso de dicha información. El uso de imágenes de Internet tiene únicamente el propósito de ilustrar las ideas del autor y con fines de enseñanza, y no implica respaldo o afiliación con ninguna entidad. Se recomienda a los lectores que busquen su propia verificación independiente de la información contenida en el libro.

www.ingramcontent.com/pod-product-compliance
Lightning Source LLC
LaVergne TN
LVHW060158050326
832903LV00017B/356